불안해서
죽을것
같을때

불안해서

죽을것
같을 때

**다미주신경
이론으로
공황을
멈추는 법**

**찰스 셰퍼 지음
이윤정 옮김**

When Panic Happens

시심

1부 불안과 공황에서 빠져나오는 방법

1장 신경계가 균형을 잃으면 생기는 일 · 11

마음을 운영하는 시스템과 공황 · 15 신경계의 균형 맞추기 · 18 호흡은 문제를 알고 있다 · 22 신경계를 재연결하는 움직임 · 26 요점 정리 · 31

2장 미주신경 브레이크를 작동하는 법 · 32

불안과 공황 반응 재설계하기 · 36 〈기묘한 이야기〉와 플레이리스트 · 41 요점 정리 · 44

3장 유머로 불안과 공황 완화하기 · 45

신경계의 긴장을 푸는 일상 운동 · 52 〈해리포터〉에서 배우는 유머의 마법 · 55 요점 정리 · 60

4장 숙면으로 신경계 균형 잡기 · 61

잘 자야 하는 이유 · 63   불안과 공황을 줄이는 수면 습관

· 65   요점 정리 · 73

2부   **감각을 재설정하는 방법**

5장 오작동에 걸린 신경계 재부팅하기 · 77

냉기로 신경계의 평온함 되찾기 · 81   요점 정리 · 87

6장 신경계의 주의를 돌리기 · 88

뇌가 집중하는 방향 바꾸기 · 89   불안과 공황을 예방해주

는 테트리스 · 92   요점 정리 · 98

7장 불안과 공황 받아들이기 · 100

불편함의 파도에 올라타야 하는 이유 · 101   요점 정리 · 109

8장 반대로 행동하기 · 110

미주신경에 나타난 〈마리오 카트〉 속 장애물 · 112   신경계

를 복구하는 긴급 출동 서비스 · 114   요점 정리 · 122

3부 신경계의 면역력을 키우는 방법

9장 회복력을 높여주는 유산소 운동 · 125

미주신경은 땀을 흘리는 만큼 단련된다 · 128   요점 정리
· 136

10장 미주신경을 자극하는 마음챙김 연습 · 137

지금 이 순간에 집중하기 · 138   요점 정리 · 147

11장 불안의 악순환에서 벗어나는 법 · 148

뇌의 스파이더 센서를 깨워라 · 150   요점 정리 · 160

12장 상호조절 능력과 안전감 · 161

연결의 힘은 우주도 구할 수 있다 · 163   전문가의 도움 구
하기 · 169   요점 정리 · 171

감사의 말 · 175
참고 문헌 · 179

1부

불안과
공황에서
빠져나오는 방법

1장

신경계가 균형을 잃으면 생기는 일

전 세계 수백만 명의 사람이 메스꺼움, 심장 두근거림, 기타 공황 증상을 다스리는 데 어려움을 겪고 있다. 이 책은 신경과학 및 주요 임상 심리치료에 근거한 간단한 운동과 최신 연구로 밝혀낸 방법을 소개해 공황발작과 공황 증상, 불안을 멈추고 예방하게 해준다. 인내심과 꾸준한 연습, 그리고 수용을 통해 신경계를 재설정하면 공황과의 분투를 완화할 수 있다. 공황 극복에 도움을 받으려고 책을 펼친 게 이번이 처음이든 백 번째든 상관없이, 앞으로 소개할 방법을 꾸준히 적용하고 활용하면 난관을 극복할 수 있을 것이다.

각 장에서는 신경심리학에 근거한 상호연습을 제안한다. 저마다의 속도에 맞춰 연습해보고 필요에 따라 가장 도움이 되는 방법을 활용하자. 너무 힘들 때면 아무 장이나 펼쳐도 좋다. 그렇게만 해도 당신은 공황과 불안을 덜 느끼려고 무척 애쓰는 것이다. 수백만 명의 사람이 불안과 공황에 맞서기 위해 고군분투한다. 그러나 그 중 극소수만이 안정과 안전감을 위해 신경계를 활용하는 방법을 배우는 등 자신을 위한 깊은 배려를 행동에 옮긴다.

신경계를 선형적으로 이해하려면 각 장을 순서대로 읽으면 된다. 관심 가는 내용이 있다면 순서를 뛰어넘어도 괜찮다. 이 책을 활용할 때 가장 중요한 점은 할 수 있는 한 최선을 다해 꾸준히 연습하는 것이다. 꾸준함, 인내심, 그리고 실천은 신경학적 차원에서 나날이 균형을 회복하고 공황과 불안 증상을 더욱 효과적으로 극복하는 데 도움이 된다. 우선 한두 가지 방법을 골라 수 주에 걸쳐 연습하기를 권한다. 자신에게 효과가 있는 방법을 찾기 위해 여러 번 시도해보자. 자신만의 고유한 상황에 맞는 적합한 방법을 찾는 게 가장 중요하다. 여유를 갖자. 책을 펼쳐서 여기까지 읽었다면 평정심을 되찾고 공황을 극복하는 데 이미 한 걸음 가까워졌다. 시작했다는 사실 자체에 자부심을 갖자.

발표 울렁증

댄은 속이 메스꺼워 게워낼 것만 같다. 심장은 두근거린다. 어느 한 가지 생각에 집중할 수도 없다. 팀 발표를 앞두고 자료를 준비하는 와중에 손끝이 시리고 따끔거린다. 스타트업에서 비즈니스 분석가로 일하는 댄은 지금껏 많은 사람 앞에서 발표를 해왔음에도 오늘은 심한 걱정을 떨쳐낼 수가 없다. 잠을 제대로 못 자서 피곤한 것도 있지만 자기 몸과 마음에 무슨 일이 일어나고 있는지 정확히 알지 못한다.

불안과 공황에서 빠져나오는 방법

그는 발표 능력과 자신감을 잃은 것만 같다. 머릿속이 멍해진다. 발표를 시작하기 전, 실제로 단 몇 분이 지났을 뿐인데 몇 시간 동안 꼼짝 못 한 기분이 든다. 발표 내내 공황의 파도가 덮쳐올 듯한 예감에 주먹을 꼭 쥐고 버틴다. 레딧✔에 접속해 빠르게 검색해보니 공황발작에 관한 우스운 밈이 많이 나온다. 1억 7,100만 건에 이르는 구글 검색 결과가 그를 압도한다. 어떤 정보를 신뢰해야 할지 알 수 없다.

그는 잠을 이루지 못한다. 발표를 앞두고 첫 공황발작 증상을 경험한 지 일주일이 흘렀다. 몇 시간 동안 틱톡 영상을 시청하고 심지어 명상 앱도 사용해봤지만 여전히 막막하고 우려스럽다. 침대에 누워 잠을 청하려고 하면 척추 위아래가 찌릿찌릿 저려온다. 직장에서 또다시 공황발작을 일으키는 상상에 휩싸여 밤을 지새우다 보면 손바닥이 땀으로 흥건해진다. 평소 자신감이 넘치던 그는 이토록 절망적

✔ 미국의 소셜 뉴스 및 정보 검색 사이트

인 상실감을 느껴본 적이 없다. 그는 늘 자신의 치밀한 사고력에 자부심을 가져왔지만 지금은 그 능력이 자신을 배신한 것 같아 사기가 떨어지고 지친다.

당신도 이런 경험을 자주 하는가?

마음을 운영하는 시스템과 공황

댄과 마찬가지로 당신의 내면에도 무의식적 시스템이 존재한다. 이는 전자기기의 운영체제와 유사하게 작동하며 우리가 일상에서 기능하고 생존하도록 해준다. 댄처럼 공황과 불안 증상을 겪는다면 해당 시스템의 일부가 균형을 잃은 것이다. 이 근본 시스템은 당신이 인식하지도 못하는 사이에 신체와 신경계 깊숙한 곳에 자리 잡는다. 이를 자율신경계autonomic nervous system라고 한다.

헬스장에서 운동 중 심박이 느려지거나 빨라질 때, 무의식적으로 잠이 들거나 심지어 한숨을 쉬고 하품할 때도 자율신경계는 제 역할을 하고 있다. 자율신경계는 의식적인 경험의 바탕에 언제나 깔려 있으며, 신체 신호들의 균형을 맞춰 당신이 압도당하지 않고 최적의 상태에서 일하고 주변 사람들과 관계를 맺게 해준다.°

메스꺼움이나 심박 증가와 같은 공황 감각은 신경계의 일부가 마비돼 균형을 되찾아야 하는 상태를 의미한다. 내면의 균형이 잡히면 다른 이들과 교류하거나 타인에게 연민을 느끼고 상대방의 공감을 이끌어낼 때 안전감을 느낄 수 있다. 사회적 동물이자 대인관계 맺기를 추구하는 종인 우리는 이런 방식을 선호한다.°° 신경과 전문의와 심리학자들이 수십 년에 걸쳐 수행한 연구에 따르면, 신경계는 우리 신체에서 가장 길고 넓게 퍼진 신경인 미주신경vagus nerve과 연결돼 있으며 이를 다미주신경계polyvagal system라고 부른다. 미주신경은 우리가 타인과 연결되고 이해받는다고 느끼는 능력의 기반이다. 고통을 해소하고 두려움이나 슬픔 같은 강한 감정을 조

°   Porges, 2011
°°   Porges, 2022; Porges and Dana, 2018

절하기 위해 타인과 공감하고 연결하는 능력을 상호조절coregulation이라 부른다.

다미주신경 이론polyvagal theory은 당신의 모든 감정·사회·개인적 경험이 무의식 신경계에 의해 조절된다는 신경과학 이론이다. 무의식 신경계는 우리가 생각하지 않아도 의식 아래에서 끊임없이 서로 맞물려 작동하는 미주신경의 세 가지branch를 통해 흐르고 있다. 이것이 바로 다미주신경계다. 다미주신경계가 균형을 이루면 불안이나 두려움을 느낄 때도 회복력을 유지하고 타인과 연결될 수 있는데, 이는 인류의 큰 강점 중 하나다.° 다미주신경계의 균형을 맞추려면 맞물린 세 가지가 서로에 맞춰 제대로 작동해야 한다. 그렇지 않으면 안전감을 잃고 댄처럼 견디기 힘든 공황 감각을 경험할 수 있다.

°   Porges, 2022; Porges, 2011

신경계의 균형 맞추기

다미주신경계는 오래된 일본 게임인 〈젤다의 전설〉 속 트라이포스^{Triforce}와 유사하다. 이 신비로운 힘은 게임 속 영웅 링크^{Link}가 위험하고 두려운 위협을 극복해가는 여정에서 끊임없이 그를 이끌고 보호한다. 별개의 삼각형 세 개로 구성된 힘들을 결합하면 게임 플레이어는 악의 세력을 정복하고 균형을 회복할 수 있다. 각 삼각형은 개별적으로도 강력하지만 다 함께 결합했을 때 가장 효과적이다.

　　마찬가지로 우리가 일상의 공황과 불안에서 자신을 구할 때는 함께 작용하는 세 가지 힘에 의존한다. 다미주신경 이론에 따르면 신경계는 등 쪽 미주신경$^{dorsal\ vagal}$, 교감신경^{sympathetic}, 배 쪽 미주신경$^{ventral\ vagal}$으로 알려진 세 개 맞물린 신경 가지를 활용한다. 각각의 가지는 저마다 목적을 수행해 우리가 주어진 환경에 적응하고 다른 사람들과 상호작용하도록 돕는다.

- **등 쪽 미주신경** 가지는 호흡과 심박을 늦추고 다른

사람과 단절한 채 자신의 경험에 집중하게 하는 '작동 중지'[✔] 역할을 담당한다.

- **교감신경** 가지는 심박을 높이고 감각을 사용해 주변 환경의 안전이나 위험을 감지하며, 신체와 뇌가 투쟁이나 도피할 수 있도록 대비하는 '행위 활성화' 역할을 담당한다.

- **배 쪽 미주신경** 가지는 이 세 가지 미주신경 가지 사이에서 메시지를 조정한다. 이런 조정은 공감하고 소통하는 능력을 활성화해 타인과 대화하고 상호작용하게 해주며, 타인의 강한 감정과 감각을 견뎌내 쉬이 압도되지 않도록 돕는 '연결' 역할을 담당한다. 이는 상호조절 coregulation 이라고도 알려져 있다.[○]

다미주신경계가 관여하는 동안 신경지 neuroception 라 불

[✔] 이탤릭으로 표시된 부분은 명확한 구분을 돕기 위해 《다미주신경 이론》(불광출판사)을 참고해 임의로 추가한 부분이다.

[○] Dana, 2020; Porges and Dana, 2018

리는 잠재의식 과정은 감각을 활용해 내·외부의 위협과 위험을 지속적으로 확인하고 감지한다. 우리가 균형을 유지한 채로 순간순간 다른 이들과 교류할 수 있는 이유다.° 신경지의 역할은 환경적 스트레스에 대항하는 방화벽과도 같다.

공황은 당신이 교감신경계에 갇혔을 때 발생한다. 교감신경계^{sympathetic nervous system}는 신체 전체에 분포하는 신경으로 투쟁-도피 반응 신호를 전달해 빠른 행동을 취하도록 유도한다. 투쟁-도피 반응은 교감신경계를 통해 심박, 근육 긴장, 혈류를 증가시켜 위험하고 위협적인 상황에 맞서 싸우거나 달아날 수 있도록 대비시킨다. 이 책은 그 외의 신경계를 활용해 신경계의 균형을 재조정하고 심장 두근거림, 호흡 곤란, 메스꺼움, 다급한 생각, 근육 긴장 등의 공황 및 투쟁-도피 감각을 예방하거나 중단하는 방법을 중점적으로 다룬다.

댄의 경험을 다시금 살펴보자. 공황이 닥치면 그는

○   Porges, 2011

누군가에게 이해받거나 적당한 말을 고르는 데 어려움을 겪는다. 교감신경계가 활성화되면서 신경계는 균형을 잃고 위장에 불편한 감각의 파도가 밀려오며 심박이 빨라진다. 그의 등 쪽 미주신경 가지는 호흡과 심박을 늦추거나 그를 신체 경험에서 분리하는 데 실패한다. 또한 그가 다른 이들과 소통해 진정하거나 생각하는데 도움을 받지 못하게 막는다. 신경계는 신경지를 통해 계속해서 위협과 위험을 감지하고 더 많은 아드레날린을 방출해 신체에 행동 신호를 보낸다.

당신 역시 댄처럼 공황을 맞닥뜨리면 다미주신경계의 다른 가지들을 활용해 내면의 트라이포스 균형을 회복하지 못하고 당황하게 될지도 모른다. 그러나 신경학적 기술과 연습을 통해 균형을 되찾으면 공황을 극복할 수 있다. 이제부터 신경계를 더욱 잘 인식하는 방법과 더불어 공황이나 불안에 빠졌을 때 균형을 회복하는 데 도움이 되는 몇 가지 기술을 알아보자.

호흡은 문제를 알고 있다

마음챙김 명상을 할 때 당신은 그 순간을 아무런 판단 없이 있는 그대로 받아들인다. 이런 수용 상태에서는 공황과 불안 같은 불편한 감정을 대체로 잘 견딜 수 있다. 신경계가 당신에게 미치는 영향을 수용하고 인지하는 가장 좋은 방법은 호흡을 추적하는 것이다.°

호흡을 달리하거나 어떤 식으로든 고치려 하지 않아도, 당신의 호흡은 신경계의 어느 부위에 문제가 있는지 알려준다. 다음은 호흡이 신경계의 상태를 어떻게 반영하는지 설명하는 몇 가지 방식이다.

- **균형 상태**

  호흡이 깊고 강하며 의도한 대로 통제된다면, 신경계가 균형을 유지하고 있으며 공황과 같은 강한 감정을 다른 이들과의 교류를 통해 상호조절할 수 있다는 신호다.

°   Dana, 2020; Linehan, 2014

- **단절 상태**

  호흡이 답답하고 약하거나 벅차다면, 신경계가 균형을 잃었고 당신은 단절감과 소외감을 느끼거나 다른 이들에게서 동떨어졌다는 신호일 수 있다.

- **불안 상태**

  호흡이 얕고 빠르거나 통제되지 않으면, 투쟁-도피 신호가 나타난다. 교감신경계가 활성화되고 모든 사물과 사람이 위협으로 느껴질 수 있다. 이때 심장이 두근거리고 호흡이 가빠지거나 속이 울렁이는 등 공황과 불안 증상을 경험한다.

호흡을 관찰하고 호흡이 신경계의 다양한 상태를 반영하는 방식을 생각해보면, 공황과 불안을 경험할지도 모를 시기를 더욱 잘 예측할 수 있다. 다음은 증상을 신속히 막거나 대처하는 데 도움이 되는 방법이다.

호흡 추적하기

앞으로 일주일 동안 언제든 호흡이 변하는 순간에 주목하자. 노트나 메모 앱을 활용해 어떤 일이 일어나는지 기록해보자. 이 활동을 호흡 추적이라고 부른다. 방법이 너무 단순하다면 아침, 점심, 저녁마다 호흡을 평가해보도록 하자.

1. 우선 어디에서 무엇을 하고 있었는지 상황 맥락을 적고, 시간과 시간대별 호흡 변화를 이해하는 데 도움이 될 만한 어떤 내용이라도 쓰자.

2. 다음으로, 당신이 관찰한 내용을 균형 상태, 단절 상태, 불안 상태로 구분해 표시하자. 가령 발표를 앞둔 댄의 호흡은 얕고 빠르며 비연속적이었으므로 '불안 상태'로 표시할 수 있다. 이후 그가 친구와 저녁 식사를 할 때 호흡이 깊고 길며 강해진 것을 알아차렸다면 '균형 상태'로 표시할 수 있다.

3. 한 주간의 호흡 추적 막바지에는 기록을 돌아보며

어떤 상황 맥락에서 똑같은 호흡 상태가 세 번 이상 반복됐는지 등의 패턴을 찾아보자. 그리고 다음과 같이 자문해보자.

☐ 이 패턴을 통해 해당 상황에서 내가 어떤 감정을 느꼈는지 알 수 있는가?

☐ 어떤 점이 놀라운가?

☐ 어떤 점에서 안심이 되는가?

☐ 이제 해당 상황에 관해 어떤 느낌이 드는가?

불안과 공황에서 빠져나오는 방법

신경계를 재연결하는 움직임

신체 대부분은 미주신경을 통해 다미주신경계와 연결되며 정보와 감각의 80퍼센트가 미주신경을 통해 신체와 뇌 사이를 오간다. 이 연결은 양방향으로 이뤄져 신체의 특정 움직임은 미주신경을 활성화하고 신경계를 재연결한다. 어떤 동작은 당신의 신경계가 꼼짝 못 하거나 균형을 잃었을 때도 신경계를 다시 작동시켜 재연결을 가능하게 해준다.°

다음 방법은 신체와 눈의 움직임을 활용해 다미주신경계를 물리적으로 재설정한다. 메스꺼움, 심장 두근거림, 식은땀, 피부가 따끔거리고 저리는 등의 공황 증상 완화에 도움이 될 것이다.

°   Rosenberg, 2017; Porges, 2011; Dana, 2020

연결 복구

이 방법은 인지 운동이 아니므로 아무 생각도 할 필요가
없다. 투쟁-도피 모드가 활성화되거나 불안을 감지할 때
다음의 방법을 시도해보자.

1. 우선 등을 대고 누울 만한 평평한 장소를 찾고 호흡과
   신체 긴장에 주의를 기울이자.

2. 그런 다음 손깍지를 껴서 머리 뒤쪽을 받치고 고개를
   고정한 채 시선을 오른쪽으로 돌려 최대한 먼 곳을
   바라보자. 고개는 돌리지 않고 눈동자만 움직여야
   한다.

3. 무심결에 침을 삼키거나 하품 또는 한숨이 나올
   때까지 30초에서 90초 동안 멀리 오른쪽을
   바라보자. 무의식적으로 나오는 이런 반응은
   다미주신경계의 일부가 다시 연결됐다는 신호다.

4. 고개를 고정한 채로 가능한 한 멀리 왼쪽을 바라보며
   이 과정을 반복하자. 다시금 자연스레 침을 삼키거나

하품 또는 한숨이 나오도록 30초에서 90초 동안 기다리자.

5. 몸을 일으켜 앉기 전에 잠시 호흡이나 신체 긴장에 어떤 변화가 있는지 느껴보자. 심장 두근거림이나 얕은 호흡 등의 공황 증상이 느껴질 때마다 이 방법을 연습하면 좋다.

바디-스캔 명상

바디-스캔 명상은 신경계의 균형을 되찾고 공황 증상을 완화하는 또 다른 방법이다. 공황이나 불안 증상을 경험하지 않을 때 이 명상을 하면 마음이 느긋해진다. 연습을 많이 할수록 더 쉽고 자연스러워지며, 공황 증상에 대처할 때 효과가 빠르게 나타난다.

1. 평평한 바닥에 요가 매트나 담요를 깔고 그 위에 누워 두 눈을 감자.

2. 4초 동안 숨을 깊이 들이쉬자. 2초간 숨을 참고, 5초 동안 숨을 내쉬자. 호흡을 조절하려는 노력 없이 자연스레 안정될 때까지 이 패턴을 5회 반복하자.

3. 발가락부터 시작해 신체 각 부위에 주의를 기울이며 천천히 온몸을 스캔하자. 그 과정에서 어떤 긴장이 느껴지는지 살피자. 다리에 긴장이 느껴지는가? 아니면 등이나 목, 턱이나 눈에서 긴장이 느껴지는가?

4. 4초 동안 숨을 깊이 들이쉬고, 2초간 참고, 5초 동안 숨을 내쉬는 호흡 패턴을 총 10회 반복하자. 숨을 들이쉬면서 부드럽게 긴장이 빠져나간다고 상상하자. 긴장한 부위가 어디든 당신이 내쉬는 숨이 그 주위를 감싸는 따스한 구름이라고 상상하자.

5. 위 과정을 마치면 두 눈을 뜨고, 잠시 시간을 내어 다음과 같이 자문해보자.

　　□ 명상을 시작하기 전과 비교해 신체의 느낌이 어떻게 달라졌는가?

　　□ 어떤 점이 놀라운가?

　　□ 어떤 점에서 진정이 되는가?

　　□ 어떤 점이 힘이 되는가?

요점 정리

이 장에서는 신경계가 균형을 잃거나 마비됐을 때 공황과 불안이 나타나는 방식에 관해 알아보았다.

신경계는 미주신경과 밀접하게 얽혀 있다. 이런 밀접함이 미주신경계를 구성하는 특징이다. 신경계의 기능 중 다른 사람들과 연결되고 이해받는다고 느끼는 능력의 근간은 미주신경에 있다.

신경계나 미주신경의 작용을 의식적으로 감지하거나 통제할 수는 없다. 그러나 신경심리학에 근거한 연습을 통해 심장 두근거림이나 얕은 호흡 등 공황에 동반되는 증상을 좌우하거나 누그러뜨리는 것은 가능하다.

이제 당신은 공황을 경험할 때 그것을 알아차리고, 단축하고, 완화하는 데 도움이 되는 방법을 배웠다. 공황이 닥쳤을 때 호흡, 시선, 마음을 활용해 신경학적 수준에서 공황 증상들과 싸우는 법도 배웠다. 당신은 이미 신경계를 통해 공황에 대처하는 능력을 충분히 갖췄다.

2장

미주신경 브레이크를 작동하는 법

노트북 화면에서 죽음의 회전 커서✔가 돌아간다. 게임기의 배터리가 바닥 나 빨간 불빛이 깜빡인다. 작업 중인

✔   시스템 로딩 상태 표시를 의미하며 공식 명칭은 회전하는 대기 커서다.

컴퓨터가 먹통이 되더니 '애플리케이션이 응답하지 않습니다'라는 너무나 유용한 메시지가 뜬다. 당신은 과부하로 고장 난 기기가 어떻게 되는지 아마 잘 알 것이다. 기기를 재부팅하고 복구하기까지 얼마나 답답하고 짜증 나는지도 잘 알고 있을 것이다. 그러나 신경계에 과부하가 걸렸을 때 이에 대한 이해를 바탕으로 대응하고 회복하기란 무척 힘들다. 만일 다급한 생각들과 현기증, 메스꺼움, 근육 긴장으로 꼼짝할 수 없다면, 신경계의 고장을 일으키는 일반적인 원인을 조사하는 게 도움이 된다. 더 중요한 건 공황에서 회복하는 방법을 배울 수도 있다는 점이다.

기기가 고장 났을 때 가장 먼저 해야 할 일은 무엇인가? 당신은 아마 데이터나 와이파이 연결이 끊겼는지 확인해볼 것이다. 신경계에 문제가 생겼을 때도 마찬가지다. 공황 증상에 압도됐다면 당신의 뇌는 안전 모드로 후퇴해 주변 환경, 다른 사람들, 심지어 공감 능력과의 연결을 차단한다. 점점 심해지는 경계심과 거리감을 경험한다. 신경계 고장에서 회복하려면 우선 스스로 안전하다고 느껴야 한다. 안전을 인지하고 경험할 때까지 자신과 타인에 대한 불안 내지 투쟁-도피 모드에서 꼼짝 못 할 가능성이 높다. 일반적으로, 안전하다고 느낄수록 신경계가 더 쉽고 빠르게 회복되어 차분함과 균형감을 되찾는다.

가령 미주신경 브레이크^{vagal brake}는 심박과 호흡 속도를 낮추는 등 신경계를 진정시키고 당신이 공황에 휩싸이거나 불안할 때 회복을 돕도록 내재된 도구다. 물론 물리적으로 미주신경 브레이크라는 특정 부위가 따로 있지는 않지만 보통 뇌간 근처인 머리 뒤쪽의 깊숙한 곳, 미주신경이 시작되는 뇌 부위를 가리킨다. 미주신경 브레이크는 자전거 브레이크와 같다. 이 브레이크는 신경계의 속도를 높이기 위해 풀렸다가 속도를 늦추기 위해 다시 조여들기도 한다.° 이는 당신이 타인과의 연결감을 잃고 공황 증상에 압도되어 위협을 느끼기 시작할 때 차분함을 되찾는 주요 기제다. 심박이 느려지면 미주신경 브레이크가 작동한다는 신호다. 미주신경 브레이

°   Dana, 2020

크 작동법을 배우면 공황과 불안을 극복하고 신경계의 균형과 평온을 되찾는 데 도움이 된다. 이번 장에서 알려주는 방법들은 그 작동법을 탐구하는 데 도움이 될 것이다.

반복되는 메스꺼움

글로리아는 3교시만 되면 먹은 걸 게워낸다. 그래서 아침 식사를 끊었다. 팬데믹 봉쇄 기간에 1년 동안 원격 수업을 진행하고 교단에 복귀한 7학년 역사 교사 글로리아는 학생들 틈에서 식은땀을 흘리거나 자주 메스꺼움을 느낀다. 건강을 지키려고 노력하지만 학생들에게서 독감이나 코로나19에 옮을까 봐 계속 걱정하며 큰 기침 소리나 재채기 소리에도 움찔한다. 수업 준비 시간에는 따끔거리고 저릿한 느낌이 척추를 따라 내려오고 사람들이 보는 데서 토할지도 모른다는 굴욕적인 생각 외에는 다른 어떤 것에도 집중하지 못한다. 처음 몇 주 동안은 그런 느낌과 감정을 어떻게든 참으며 버텨왔지만, 집중력과 수업 능력에 타격을 입었다. 그의 목표는 다시금 '학교에서 괜찮다'고 느끼는 것이다.

글로리아는 자신의 공황 및 불안 증상(메스꺼움, 척추가 따끔거리고 저릿한 느낌, 무심결에 움찔함) 대부분이 스스로를 통제하고 신체를 진정시키는 데 방해가 된다는 점을 알아차린다.

불안과 공황 반응 재설계하기

당신도 이런 경험이 있는가? 통제력을 잃고 신경계가 공황 상태에 빠진 적이 있는가? 이런 불편한 감각은 저마다 아드레날린과 코르티솔을 분비하도록 신호를 보내 신경계를 위협에 대비시킨다. 하지만 미주신경 브레이크가 활성화되면 당신이 이 투쟁-도피 반응, 즉 생존 모드에 갇히지 않도록 도와준다. 생존 모드는 아드레날린에 압도된 신경계가 불편한 공황 감각을 온몸에 보낼 때 발생하며 공격하거나(투쟁) 두려움에서 도망가도록(도피) 유도한다.

생존 모드에 갇혔을 때 신체와 재연결되려면 어떻게 해야 할까? 빠른 심박, 얕은 호흡, 메스꺼움, 전반적인 두려움 같은 공황 증상을 어떻게 멈출 수 있을까? 이 장에서 소개할 신체-통합 스캔은 공황에 대한 반응들을 재설계해 강렬하고 불편한 공황 감각을 줄이거나 제거하는 방법이다.° 신체-통합 스캔은 심장이 빠르게 뛰거나 호흡이 얕아지고 짧아질 때 혹은 목덜미를 타고 따끔거리고 저린 느낌이 오르내릴 때 유용하다. 생존 모드에 갇힌 신경계가 균형을 회복하는 데도 도움이 되는 것으로 밝혀졌다.

이 방법은 날마다 연습하길 권한다. 매일 아침 이 방법을 실천하면 신체 긴장이 전반적으로 풀리면서 차분해지고 집중력이 개선된다. 몇 개월에 걸쳐 실천한다면 신경계가 변화해 빠르게 진정하고 집중하는 능력이 향상될 것이다.

°   Creswell et al., 2016

신체 – 통합 스캔

1. 앉거나 누워서 편안한 자세를 취하자. 두 눈을 감고 심호흡을 몇 번 하자. 천천히 다음의 시각화 단계를 따라하자. 연습을 완료하는 데 약 10분에서 15분 정도를 써보자.

2. 당신의 머리 꼭대기에서 시작된 빛의 줄기가 온몸을 관통해 발바닥까지 내려온다고 상상하자.

3. 발가락을 들여다보며 발가락과 발의 감각을 스캔한다고 상상하자. 발에서 긴장이 느껴지거나 이완된 지점을 알아차리자. 발이 피곤하고 아픈가? 편안하고 차분한가? 어쩌면 당신의 생각이 다른 데로 흘러가기 시작할지도 모른다. 다시 주의를 돌려 빛의 줄기를 떠올리고 발에 집중하자. 잠시 그렇게 머물다가 생각을 다리로 옮겨오자.

4. 빛을 따라 발에서 발목으로 주의를 옮긴 다음 종아리, 정강이, 허벅지, 마지막으로 엉덩이까지 이동해보자. 빛줄기의 이미지를 떠올리며 생각을 고정하고 각

부위를 천천히 마음으로 스캔하자. 그 과정에서 느껴지는 감각을 기록하자. 팽팽함이나 느슨함을 느끼는가? 다른 감각이 있는가? 어떤 감각이든 바꾸려 하지 말자. 그저 엉덩이에서 배, 가슴, 등까지 빛의 방향을 따라 주의집중을 이어가자.

5. 호흡이 깊은지 얕은지 알아차리자. 심장을 스캔하며 심장이 어떻게 뛰는지도 느껴보자. 허리와 등에 긴장이나 뭉침이 있는지 살피자. 무언가를 바꾸려 하기보다는 그저 관찰하면서 빛을 따라 각 부위에서 다음 부위로 연결하자.

6. 다음으로 어깨, 목, 뒷머리 주변, 이마 위, 눈 위, 코, 귀, 입, 그리고 턱 아래까지 주의를 집중해보자. 어떤 감각이든 계속해서 알아차리자. 턱이 느슨하거나 조이는 느낌이 드는가? 어깨가 뭉쳐 있는가? 어떤 감각이든 바꾸거나 고치려고 애쓰지 말고 단순히 빛줄기를 따라 관찰하며 각 부위를 연결하자.

7. 마지막으로 주의를 발가락으로 옮겨가자. 빛을 관찰하고 따라가면서 그것이 방금 스캔한 신체의

모든 부위를 어떻게 연결하는지 알아차리자. 빛이 발가락부터 머리까지 연결하는 상상을 하자. 당신의 몸 전체가 온전히 연결된 모습에 주의를 집중해보자.

8. 눈을 뜨고 나서 다음과 같이 자문해보자.

☐ 시작하기 전과 비교해 신체 느낌이 어떻게 달라졌는가?

☐ 호흡이 차분해졌다든지 더욱 편안해진 느낌이 있는가?

☐ 어떤 점에서 진정이 되는가?

☐ 어떤 점이 힘이 되는가?

글로리아는 매일 출근 전과 수업 직전에 신체-통합 스캔을 실천한다. 일주일 만에 집중력이 좋아졌음을 알아차린다. 그러나 수업을 마친 후에는 계속해서 메스꺼움을 느낀다. 이는 드문 일이 아니다. 소화 기능과 소화 신호는 미주신경과 직접적으로 연결돼 있기 때문이다. 일상 업무와 생활 스트레스는 신경계를 녹초로 만들어 가령 장에서 불안과 스트레스 증상을 지속적으로 유발하기도 한다.

〈기묘한 이야기〉와 플레이 리스트

이제 다미주신경 이론에서 영감을 얻은 또 다른 방법, '차분함에 닻을 내리는 플레이 리스트'에 관해 살펴보자. 넷플릭스 시리즈 〈기묘한 이야기Stranger Things〉의 주인공들은 '뒤집힌 세계'라는 기괴한 곳에서 소름 끼치는 다양한 악당들을 맞닥뜨린다. 그중 베크나Vecna만큼 끔찍한 악당은 없다. 베크나는 사람들의 정신을 장악해 죽음에 이를 정도로 미치게 만든다. 모든 희망이 사라진 듯 보일 때,

불안과 공황에서 빠져나오는 방법

영웅들은 자신이 사랑받고 있으며 안전하다고 느끼게 해주는 음악에 의식적으로 집중함으로써 베크나를 물리치고 결국엔 퇴치할 수 있다는 사실을 발견한다. 다미주신경 이론에 근거하면 〈기묘한 이야기〉 속 아이들은 음악을 안전에 내린 닻으로 활용했다. 미주신경 브레이크를 작동시켜 균형을 회복하고 공황이라는 베크나를 막아낸 것이다. 이와 같은 접근법은 공황발작에도 효과가 있다.

다음 방법은 변증법적 행동치료dialectical behavior therapy, DBT의 처치와 기술 프로그램의 기반이 되는 일반적인 고통감내법distress-tolerance을 각색한 것이다.° 변증법적 행동치료는 격렬하고 괴로운 감정을 경험하는 사람들을 위한 심리치료의 일종이다. 당신은 언제든 이 방법을 연습해 미주신경 브레이크를 강화할 수 있다. 공황이 닥친다고 느끼는 순간 신경계를 진정시키는 데 활용해보자.

○   Linehan, 2014

차분함에 닻을 내리는 플레이 리스트

1. 평온하게 해주며 긍정적인 기억을 떠올리게 하는
   노래 몇 곡을 모아 플레이 리스트를 만든 다음 노래를
   들을 때 당신 몸이 어떤 느낌인지 살피자.

2. 5분에서 10분 동안 방해받지 않도록 혼자만의 편안한
   장소를 찾자. 느긋한 자세로 앉아 손바닥이 천장을
   향하도록 두 팔을 살짝 벌려 무릎 위에 올려두자.

3. 얼굴의 긴장을 의식하자. 코로 숨을 쉬면서 입을
   지그시 다문 채로 미소를 지으며 긴장을 풀자.

4. 눈을 감고 음악을 들으며 부드러운 미소를 짓고
   손바닥에 다시금 주의를 기울이자. 마음이 다른
   생각이나 감정으로 흘러가면 노래와 살짝 지은 미소,
   활짝 펼친 손바닥에 다시금 주의를 기울이자.

5. 노래가 끝날 때마다 달라진 감각을 느껴보자.
   긴장이나 스트레스 측면에서 어떤 변화를
   감지했는가?

글로리아는 수업을 마칠 때마다 차분함에 닻을 내리는 플레이 리스트를 듣는다. 그는 한 달 만에 학교에 있을 때 불안이 최소화되고 메스꺼움을 느끼지 않게 됐다. 그는 이제 투쟁-도피 활성화 모드에서 차분한 상태로 쉽게 전환할 수 있다. 미주신경 브레이크를 작동해 아드레날린과 공황을 멈추는 능력도 매우 강해졌다. 연말에 학교에서 올해의 교사상을 받게 된 그는 학부모회 감사 브런치 자리에서 팬케이크 더미를 앞에 두고 수상 연설을 한다.

요점 정리

이 장에서 연습한 방법들을 활용하면 효과적으로 신경계를 진정시키고 신경학적 차원에서 공황을 멈추는 능력을 키울 수 있다. 오랜 시간 꾸준히 실천하면 스트레스, 불안, 공황에 대한 회복력이 향상된다. 다음 장에서는 신경계를 강화해 공황과 불편감을 완화하는 동시에 회복력을 기를 수 있는 더욱 다양한 방법을 소개할 예정이다.

3장

유머로 불안과 공황 완화하기

"모든 것은 당신 머릿속에 있다.", "마음먹기 나름이다.", "그런 생각에서 벗어날 방법을 찾아봐라." 이런 조언들은 공황과 불안을 해소하려는 많은 이에게 좌절감을 안기고 그들을 의기소침하게 만든다. 많은 자기계발서와 코칭 세미나를 장악한 조언들도 이와 다를 바가 없지만, 그것이 전적으로 틀렸다고는 할 수 없다. 당신 머릿속에 있는 것들, 말하자면 여러 생각과 내면의 이야기들이 신경계를 압도해 당신을 공황이나 활동 저하로 몰아갈 수 있다.

의식적인 정신은 계속해서 내·외부 세계로부터 메시지를 받는 메일함과 같다. 이런 메일을 분류하고, 읽을 가치가 있는 것과 없는 것을 나누고, 어떤 것이 위험한 바이러스인지 판단하는 것은 어려운 과제다. 정신이 보내는 메시지에 대한 유기적인 스팸 필터, 방화벽 내지 바이러스 백신 프로그램은 존재하지 않는다. 스팸 메일은 컴퓨터 바이러스처럼 작동해 공황과 불안을 유발한다. 당신은 스팸 메일함에 있는 무작위 메일을 모두 열어 읽어보진 않을 것이다. 그런데 뇌로 들어오는 모든 생각은 열어서 신경계로 전달하는 게 안전하다고 간주한다.

공황 및 불안에 관한 생각을 처리하는 내면 필터와 방화벽을 개발하는 첫 번째 단계는 공황 증세를 불러오는 생각과 상호작용하는 방식을 이해하는 것이다. 어쩌면 당신은 다미주신경계를 불안하게 하고 어지럽혀 공황 증세를 악화시키는 사고방식으로 생각을 다뤄왔을지도 모른다. 감정 반응을 조절할 수 없게 만드는 그 방식은 일반적으로 반추와 인지적 융합이다.

반추rumination란 컴퓨터 프로세서에 침투한 악성 코드를 확인하는 것처럼 불안하거나 불확실한 어떤 생각을 지속해서 검토하고 처리하는 과정이다. 반추는 당신의 모든 주의집중을 빼앗아 두렵거나 공황을 불러오는 생각에 몰두하게 만들고 끝내 극한 상황까지 몰고 간다. 반추는 교감신경계가 위협을 탐색하는 투쟁-도피 모드에 갇혔다는 점을 나타내는 아주 좋은 지표다. 수천 년에 걸친 진화를 통해 뇌는 불확실하거나 혼란스러운 상황에 처했을 때 빈칸을 채우고 주변 환경의 패턴을 찾는데 매우 능숙해졌다. 그러나 불확실한 생각을 내려놓는데는 능숙하지 않다. 시험공부를 하는 중에 시험을 잘볼 수 있을지 걱정하거나 여행길에 나선 뒤 현관문을 잠그지 않은 것 같아 불안에 사로잡힌 적이 있다면, 뇌가불확실한 생각을 떨치지 못할 때 어떤 기분이 드는지 잘알 것이다.

인지적 융합cognitive fusion은 자신의 감정과 감각에 대한이해를 다른 어떤 것보다 더 유용하고 필수적이라고 여겨 자기만의 생각에 사로잡히는 경향이다. 열흘간의 휴가가 끝나기 전까지 집의 모든 문을 다 잠그고 왔는지 알 수 없는데도 집이 털릴지도 모른다는 두려움에 주의집중을 온통 다 쏟고 있다면 인지적 융합에 빠진 것이다. 불안하고 우려스러운 생각과 감정이 무작위로 느닷없이 올라오고, 심장이 더 빠르고 세게 뛰면서 모든 경험을 밀어내버리는데 이걸 휴가라고 말할 수 있을까? 인지적 융합에 빠진 사람들은 똑같은 생각과 예측(반추)에 사로잡힐 뿐만 아니라 이런 생각을 머릿속에서 꺼내 휴지통에 버려야 할 스팸 메일로 보지 않고 예언이나 진실처럼 믿는 경향이 있다. 반추와 인지적 융합을 식별하고 표시해 중단하는 방법을 찾는 것은 신경계의 균형을 되찾고 공황을 완화하는 열쇠 중 하나다.

공황발작 상상하기

밍에겐 해결하지 못할 문제가 전혀 없었다. 그런데 공황발작을 멈출 방법은 찾아내지 못한다. 그는 유명한 거대 기술 기업의 최연소 채용 담당자로, 대학

시절 이후에는 공황발작을 걱정해본 적이 없다. 대학생 때는 자연과 교감하고 가족과 함께 지역 산호초 해변에서 수영을 즐기는 등 어릴 적에 좋아하던 것과 자신을 재연결하면서 공황을 극복했다. 지난달, 그는 심장이 멈출 것 같았고 숨을 내쉴 수 없었으며 조카와 함께 산호초에서 수영을 하다가 공황발작을 일으켜 간신히 뭍으로 헤엄쳐 나왔다. 한 주 뒤 뉴욕에서 출장을 마친 그는 집에 돌아오는 비행기 안에서 또다시 공황발작을 일으켰다. 이후 그는 비행이나 수영에 대한 생각을 멈추지 못하고 공황발작을 일으키는 모든 상황을 되풀이해 곱씹었다. 유년기에 수영을 즐기던 곳에서 헤엄칠 자신이 없다고 고백하던 그는 지속적인 안도감과 평온의 주요 원천을 잃었다며 눈물을 보였다.

밍은 하루에도 서른 번에서 마흔 번 정도 출장을 위해 비행기를 타거나 휴식을 위해 수영을 하다가 공황발작을 일으키는 상상을 한다. 공황발작의 가능성을 떠올리면 심장이 뛰고 가슴이 몹시 서늘해지며 손과 발에 강렬한 열기가 흐른다. 공황발작이 일어나 헤엄치다가 익사하거나 비행 중 사람들 틈에서 정신을 잃는 장면이 머릿속을 맴돈다. 그는 그런 생각이 앞으로 닥칠 일에 대한 경고라고 끊임없이 우려하며 이런 걱정 탓에 밤잠까지 설치기 시작한다.

밍은 곧 자신이 반추 사이클에 갇혔고, 너무 오래 갇혀 있었던 탓에 인지적 융합을 경험한다는 사실을 배운다. 그는 공황발작과 공개적 망신에 대한 예측을 생성하기 시작한다. 기내에서 공황발작을 일으키자 주위 사람들이 자신을 쳐다보며 비웃는 굴욕적인 온라인 동영상을 상상한다. 그는 이런 불안이 자신의 진짜 모습을 예측하고 반영한다는 믿음을 떨치지 못한다. 머릿속에서 반복되는 당황스런 반추 외에 다른 방식으로 자신을 바라볼 수가 없다.

그는 자신의 생각과 합쳐지거나 융합된다(인지적 융합). 달리 보고 싶지만 자신의 앞날에는 당혹감과 수치심 외에 아무것도 없는 것만 같다. 밍은 자신의 창의적인 두뇌가 생성할 수 있는 모든 위협을 반복적으로 상상하고 붙들 수밖에 없어서 공황 증세에 갇히고 있음을 깨닫는다. 회사나 가족에 대해 떠올릴 때는 제대로 생각할 수 있다. 하지만 공황발작에 대해 이해해보려 할수록 오히려 역효과가 난다.

밍은 공황에 대한 생각을 이해하고 대처하기 위해 반추나 인지적 융합이 아닌 더 나은 방법을 찾아야 한다. 그는 시각적이고 우스꽝스러운 방법을 통해 인지적 탈융합을 시도한다. 인지적 탈융합이란 생각에서 자신을 분리하는 것으로, 신경계가 꼼짝없이 공황 상태에 빠져들지 않은 채로 생각을 관찰하고 분류할 수 있게 해준다. 그는 당신도 곧 배우게 될 시각화 연습을 하고 이전에 일으킨 공황발작을 우스꽝스럽게 기억하는 방법을 찾으려 노력한다.

자신을 웃게 하는 새로운 미래 시나리오도 상상해본다. 기내에서 공황발작을 일으키자 전체 객실이 갑자기 뮤지컬 무대로 변하는 장면을 그린다. 산호초에서 헤엄치다 심장이 멈출 것 같은 순간 커다랗고 동그란 눈이 달린 인어 인형에게 구조되는 상상을 한다.

그는 자신의 생각이 공황에 갇힐 기미가 보일 때마

다 항상 이 방법을 실천했다. 얼마 안 가 수영과 비행 생각에 대한 반응과 판단을 훨씬 덜 하게 됐다. 나날이 연습한 지 한 달이 지난 뒤, 그는 아침 수영을 재개하고 뉴욕으로 가는 비행기를 예약한다.

신경계의 긴장을 푸는 일상 운동

불안한 생각을 관찰하고 내려놓는 능력을 강화하면 신경계의 투쟁-도피 모드 활성화를 줄일 수 있다.° 다음의 방법은 반추와 인지적 융합으로 어려움을 겪는 많은 이에게 소개하는 셀프 가이드로 당신에게도 도움이 될 것이다. 온라인이나 'Calm' 등의 정신 건강 앱에서도 비슷한 단계별 지침을 찾아볼 수 있다.

°   Hayes, Strosahl, Wilson, 2011

개울을 떠내려가는 나뭇잎

1. 5분에서 10분 동안 앉아 있을 만한 편안한 장소를 찾아 두 눈을 감고 앉는다.

2. 개울 옆에 앉아 있다고 상상하자. 개울의 맑은 물이 부드럽게 졸졸 흘러간다. 당신이 앉은 곳에서부터 아주 먼 곳까지 흘러가다가 수평선 너머로 사라진다.

3. 물 위에 떠 있는 나뭇잎이 보인다. 나뭇잎이 물길을 따라 천천히 떠내려간다. 나뭇잎은 작아지고 작아지다 마침내 물줄기와 함께 수평선 너머로 사라진다. 또 다른 나뭇잎이 보인다. 그리고 여기저기 또 다른 나뭇잎들이 떠 있다. 저마다 개울을 따라 떠내려가다 수평선 너머로 사라진다.

4. 이제 당신이 품고 있던 어떤 생각을 나뭇잎 위에 올리고, 그것이 수평선 너머로 천천히 흘러가는 모습을 바라보자. 새로이 떠오른 각각의 생각이 나뭇잎에 얹어져 저 멀리 떠내려가게 두자. 어쩐지 당신의 생각들은 무게가 전혀 나가지 않아 나뭇잎을

타고 쉽게 수평선까지 떠내려간다.

5. 이 과정을 되풀이 하면서 저마다의 생각들이 당신에게서 멀어지며 더는 보이지 않은 곳으로 흘러가버리는 모습을 지켜보자. 집중이 흐트러지면 당신의 마음이 어디 있는지 들여다보고 그 생각도 나뭇잎 위에 올려두자.

6. 5분에서 10분 정도가 지난 뒤 눈을 뜨고, 가령 심박이 느려졌다거나 호흡이 깊어지고 아니면 생각이 잠잠해지는 등 신체에 변화가 있는지 살피자.

7. 연습을 마치면 눈을 뜨고 다음과 같이 자문해보자.

- □ 시작하기 전과 비교해 신체의 느낌이 어떻게 달라졌는가?
- □ 생각의 속도가 여전히 빠른가?
- □ 어떤 점에서 안심이 되는가?
- □ 어떤 점이 놀라운가?

개울을 떠내려가는 나뭇잎 떠올리기는 나날이 실천할 수 있는 인지적 탈융합 연습이다. 신경계의 긴장을 풀고 평온해지는 능력을 기르기 위한 일상의 운동이라고 생각하자. 수개월에 걸쳐 연습하면 심박과 호흡이 상당히 안정된다. 1년이 지나면 근육 긴장이나 다급한 생각들이 몇 분이나 몇 초 안에 사라지게 될 것이다.

〈해리 포터〉에서 배우는 유머의 마법

날마다 연습하지 않고도 생각의 강도를 줄이고 싶을 때역시 인지적 탈융합을 활용해보자. 개울을 떠내려가는 나뭇잎을 떠올리는 연습은 어느 정도의 진지함과 집중력을 요하지만, 또 다른 인지적 탈융합 전략의 성패는 자신을 비웃는 능력, 그리고 어쩌면 불사조 깃털 지팡이를 휘두르는 능력에 달려 있을지도 모른다.

호그와트 마법학교 학생들이 배우는 초자연적 위협 중 하나는 바로 보가트Boggart다. 불멸의 유령인 보가트는 사람들의 두려움을 먹고 살며 사람들이 가장 두려워하는 공포나 악몽의 형상으로 공황을 유발한다. 지혜로운 루핀 교수의 가르침 덕분에 해리 포터와 친구들은 웃음과 유머가 보가트를 물리친다는 사실을 알게 된다. 루핀은 학생들에게 리디큘러스^{Riddikulus} 주문을 가르치는데, 마법사가 보가트에 집중해 '리디큘러스!'라고 외치며 우스꽝스런 모습을 떠올리면 보가트가 그 형태로 변한다. 학생들은 금세 재밌고 우스꽝스러운 생각으로 배꼽을 잡고 웃으며 보가트를 사라지게 한다.

보가트는 불안 내지 공황과 많은 공통점을 가지고 있다. 의식적으로 웃을 수 있는 방법을 찾는다면 안전한 느낌 속에서 불안을 사라지게 할 여유가 생긴다. 호그와트 학생들은 의식적인 유머로 악몽 같은 생각을 해소하는 법을 배웠다. 이 방법을 통해 안전감을 회복시켜 신경계는 투쟁-도피 모드에서 벗어나 보가트라는 불안과 공황을 물리칠 수 있다.

인지적 탈융합은 당신이 생각과 감정을 내려놓게 해주고, 사실상 그 생각에서 분리되는 데 도움을 준다. 이런 공황 조절 능력은 어떻게 기를 수 있을까? 모든 마법사가 어둠의 마법 방어법을 익힐 때와 마찬가지로 연습하고 연습하고 또 연습해야 한다.

인지적 탈융합을 위한 유머 활용의 핵심은 불안한 미래에 대한 생각이나 예측의 일부를 우스꽝스럽고 재밌는 것으로 바꾸는 것이다. 밍은 자신의 생각을 덜 심각하게 받아들이고 불안한 생각을 희극적으로 바라보는 데 이 전략이 매우 효과적이라는 점을 알게 됐다.

나 역시 불안한 생각을 해소하는 데 이 전략이 매우 효과적이라는 사실을 경험을 통해 깨우쳤다. 가령 교수인 나는 오후에 강의 계획서를 작성할 때면 이 작업이 내게 무척 중요하다고 생각해 불안한 감정에 빠져들곤 한다. 강의 계획서를 완벽하게 수정하지 못했다는 걱정부터 시작해 떠오르는 실수들이 눈덩이처럼 불어난다. 갑자기 이런 실수 탓에 출판사와 모든 고객에게 해고당하고 결국엔 집주인에게 쫓겨나 거리에 나앉게 될 것이라는 생각에까지 이른다.

이제는 다르게 상상한다. 여러 생각과 단계적 상호작용에서 등장한 모든 이들, 이를테면 대학 행정실, 출판사, 고객, 집주인 등이 인형 눈알을 붙이고 풍선처럼 부푼 팔을 흔드는 익살스러운 장면을 말이다. 그러면 이야기가 달라진다. 커다란 눈을 부릅뜨고 풍선 팔을 흔드는 사람들에게 해고당한다는 생각을 진지하게 하기는 어려운 법이다.

우스꽝스러운 인지적 탈융합

무서운 대상을 떠올린 다음 그것을 우스꽝스럽게 표현하려 시도해보자. 만화 캐릭터의 목소리로 암울한 전망을 말해보자. 두 눈을 큼지막하게 부릅뜨고 아주 굵은 목소리를 내기도 해보자. 일단 웃음을 유발하면 불안한 생각에 대한 집중을 완화하는 데 도움이 된다. 그러면 뇌와 신경계가 미주신경 브레이크를 작동해 안전감과 균형을 회복하고 신경계에서 공황 감각을 제거할 수 있다.

이 방법대로 각 상황에 대해 말해본 뒤 다음과 같이 자문해보자.

□ 시작하기 전과 비교해 신체의 느낌이 어떻게
　 달라졌는가?

□ 어떤 점이 놀라운가?

□ 어떤 점에서 안심이 되는가?

요점 정리

인지적 탈융합은 다급한 생각, 공포감, 메스꺼움, 어지러움, 심박 증가, 호흡곤란 등 신경계에 공황을 유발하는 두렵고 불안한 생각들을 극복하는 데 도움을 준다. 이 장에서는 두 가지 인지적 탈융합 방법을 알아봤다. 개울을 떠내려가는 나뭇잎 떠올리기와 유머를 통해 무서운 생각이나 예측을 터무니없고, 장난스러우며, 친근하게 만드는 방법이다.

이 방법을 꾸준히 연습하면 공황이 유발한 반추와 인지적 융합에 대응하는 회복력과 통제력이 향상된다. 다음 장에서는 수면 습관 개선을 통해 공황을 멈추고 예방하는 데 단단한 기반이 되는 접근법을 알아보자.

4장

숙면으로
신경계 균형 잡기

'우리는 왜 자야 할까? 잠을 충분히 안 자면 어떻게 될까? 잠을 못 자서 더 초조하고 불안하고 신경질적일까? 불면증이나 수면장애가 공황 증상을 유발하기도 할까? 증상을 더 악화시킬까?'

당신도 공황과 불안에 대처하다 잠 못 이루는 밤을

맞닥뜨렸을 때 이런 질문들을 해봤을 것이다.

육퇴 불면증

초보 엄마 사라는 딸 출산 후부터 수면의 질 저하를 경험하고 있다. 밤마다 휴대폰과 아기 모니터를 계속 확인하며 뒤척이던 그는 끝내 심장이 벌렁거리는 느낌을 받는다. 이럴 땐 가슴이 답답해져 숨쉬기나 말하기 등 어떤 것도 하기가 힘들고 몸이 식은땀으로 흥건히 젖기 시작하면 침대에서 내려와야만 한다. 커피를 여러 잔 마시는 게 불안 해소에 도움이 안 된다는 걸 잘 알지만, 육아와 회사일을 병행하며 하루를 버티려면 달리 방법이 없다. 사라는 잠이 절실하다. 힘들고 불안한 저녁을 보낸 후 어떻게 다시 일을 할 수 있을지 두렵다. 공황에서 벗어나 안정과 숙면을 취하고 싶은 마음만 간절하다.

사라의 마음에 공감이 되는가?

잘 자야 하는 이유

공황과 스트레스를 극복하고 방지하려면 양질의 수면이 필요하다. 스트레스를 받았든 한밤중에 돌봄이 필요한 어린아이나 가족이 있어서든, 누구나 수면장애를 경험한다. 며칠만 잠을 설쳐도 고통스러운데 몇 주, 몇 달 혹은 몇 년간 수면장애를 겪는다면 어떨까? 간단히 말해, 지속적인 수면장애는 신경계의 균형을 망가뜨린다.

수면과 졸음은 호흡, 소화, 심박과 마찬가지로 미주신경을 통해 작동하며 면역체계 전체와도 연계된다. 침대 매트리스나 수면 보조제 회사에서 말하는 것과 달리, 면역체계가 건강한 사람은 어머니의 배 속에서 생겨난 지 6개월 무렵부터 이미 잠을 잘 자도록 설계된다. 수면은 인간이 스스로를 치유하고 성장시키는 주된 방식이다. 양질의 수면은 포근한 담요처럼 안전감과 편안함을 제공해 신경계를 회복·이완·진정시킨다. 수면 부족은 이런 포근한 담요를 찢어 당신을 스트레스와 불안에 노출시킨다. 수면의 질이 떨어지면 신경계는 교감신경계에 의존하고 아드레날린과 코르티솔을 혈류로 분비해

에너지를 높인다.°

교감신경계가 활성화돼도 심박, 소화관의 압력, 발한, 다급한 생각 등 사람들이 공황과 불안이라고 묘사하는 많은 감각이 증가한다. 만일 사라와 마찬가지로 낮 동안의 에너지 부족을 너무 걱정해 커피나 에너지 음료 혹은 각성제에 의존하면 공황 증상이 심해질 수 있다. 이런 대처는 교감신경계에서 폭발하는 불꽃놀이 피날레를 잠재우닸시고 제트기 연료를 붓는 것과 같다.

그렇다면 어떤 방법을 써야 할까? 어떻게 해야 꾸준히 양질의 수면을 취해 공황과 불안을 멈추고 예방할 수 있을까? 연구에 따르면, 미주신경을 활용해 다미주신경계를 재조정하면 평온하고 편안한 기분을 느끼게 되면서 수월하게 잠들고 밤새 숙면을 취할 수 있다.°° 달리 말해 신경계의 평온한 부분을 끌어올 방법을 찾으면 양질의 수면을 일관되게 유지해 공황을 예방하는 데 도움이 된다. 미주신경을 자극하면 마치 계속 깨어 있게 될

°   Fanselow, 2013
°°   Jiao et al., 2020; Tsai et al., 2015

것 같지만, 연구에 따르면 (미주신경 자극을 통한) 느린 심호흡은 낮 동안 깨어 있는 상태를 개선하고 밤새 숙면을 취하는 데 모두 도움이 된다.

불안과 공황을 줄이는 수면 습관

수면 부족은 공황 증상을 악화시킨다. 좋은 수면 습관은 공황 증상을 줄이는 데 도움을 준다. 사람마다 필요한 수면 시간은 각기 다르겠지만, 적어도 6시간 이상 깨지 않고 자는 것을 목표로 삼자. 더 나은 수면을 취하기 위한 실천과 행동을 수면 위생sleep hygiene이라고 부른다. 효과적인 수면 위생 기술에는 다음 항목들이 있다.

- 긴장을 풀고 수면 모드로 전환하기 위한 루틴과 쿨다운✔ 존 만들기

✔ 워밍업의 반대 개념이다.

- 졸릴 때나 눈꺼풀이 감길 때만 잠자리에 들기
- 주중 및 주말 모두 일정한 기상 시간 유지하기
- 카페인 섭취 제한하기
- 아침에 알람을 미루거나 낮잠을 자지 않고 밤에만 자기
- 밤에 자다가 깼을 때 전자기기 화면이나 직사광선 피하기

공황을 자주 경험하는 편이라면 긴장을 풀고 수면을 취할 수 있는 쿨다운 존을 마련하는 게 양질의 수면을 회복하는 데 특히 도움이 된다. 일상생활 중에는 침착함과 집중력이 많이 필요하다. 마블코믹스의 닥터 스트레인지도 편안한 명상 상태에 빠져들어 우주에 대한 위협을 방어했다. 그는 자신만의 성스럽고 특별한 장소인 생텀 생토럼에서 이를 완수했다.

매일 밤 당신은 편안하고 차분히 잠에 빠져드는 방식으로 무심결에 수면을 취한다. 의자에 앉은 채로 잠들거나 통근 시간에 버스 혹은 지하철에서 눈을 뜨려고 애쓰고 있다면, 이는 수면 구동sleep drive이 작동하기 때문이다. 수면 구동은 미주신경과 신경계를 통해 흐른다. 닥터

스트레인지가 생텀 생토럼에서 휴식을 취하고 자신의 힘에 집중하는 것처럼, 쿨다운 존에서 신경계를 진정시키면 수면 구동이 작동해 당신을 재울 것이다.

안정적이고 편안한 쿨다운 존을 마련하려면 잠들기 약 한 시간 전에 다음 몇 가지 조건을 설정해 이를 시행해야 한다.

- 이메일, 문자, 기타 앱을 비롯한 전자기기 화면에 노출되지 않기
- 직사광선 차단하기
- 하루 동안의 일이나 미래에 관해 생각하거나 대화하지 않기
- 시계를 없애거나 시간 확인하지 않기
- 눈을 뜨기가 어려울 정도로 졸릴 때 잠자리에 들기

쿨다운 존은 침대가 아닌 별도의 공간에 마련해야 한다. 침대가 있는 방 안의 편안한 공간이어도 좋고 가까운 다른 방이어도 좋다. 단, 의자, 소파, 명상 쿠션, 베개 등이 있어야 한다.

사라는 침대 곁에 편안한 의자를 두고 쿨다운 존으로 활용했다. 취침 루틴을 만들고 잠을 청하기 위해 전자기기 화면과 시계를 치운 뒤 라벤더 향이 나는 핸드크림을 바르고 역사 팟캐스트를 들었다. 사라는 일주일 만에 사흘 연속으로 숙면을 취했다. 잠에서 깼을 때도 더 차분하고 덜 불안하다고 느꼈다.

쿨다운 존 만들기

1. 잠자리에 들기 전 외부의 빛이 차단되는 편안한
   장소를 찾자. 원한다면 자기 전에만 사용하는 에센셜
   오일이나 양초 또는 로션을 놓아두자. 침침한 조명
   아래서 잠들기 전에만 듣거나 읽을 만한 지루한
   팟캐스트 혹은 책을 준비하자. 그리고 기상 시간을
   계획하자.

2. 동일한 취침 루틴을 쿨다운 존에서 5일 연달아
   해보자. 잠들 수 있을 정도로 졸릴 때에만 잠자리에
   들자. 매일 밤 근육 긴장, 심박, 그리고 전반적인
   스트레스에 어떤 차이가 있는지 살피자.

3. 5일이 지난 후, 첫날과 비교해 그동안 스트레스나
   신체 긴장이 어떻게 변화했는지 한두 문장으로
   적어보자. 어떤 점이 달라졌는가? 어떤 점이 더
   편하고 가벼워졌는가? 쿨다운 시간에 이 문장들을
   다시 보며 잠에서 깬 공황 감각을 느낄 때 유용하게
   활용하자. 스스로 자신의 진전 상황을 상기하면

심박을 늦추고 졸음을 유도해 다시 잠드는 데 도움이
된다.

4. 그래도 여전히 공황 감각을 떨칠 수 없다면, 침대에
   머무르기보다는 쿨다운 존으로 자리를 옮겨
   차분하게 호흡을 연습하자.

5. 4-7-8 호흡이라고도 알려진 이완 호흡은
   마음챙김의 선구자이자 전문가인 앤드류 웨일[Andrew Weil]이 불안과 공황을 물리치려고 고안한 의도적인
   호흡 조절법이다. 연구에 따르면 이 호흡 조절은
   다미주신경계를 자극해 신경계의 진정과 이완을
   유도한다.[°]

[°]   Noble et al., 2019; Tsai et al., 2015

이완 호흡법

1. 침대 이외에 등을 대고 누울 수 있는 편안한 장소를 찾자. 쿨다운 존이어도 되고 다른 장소여도 된다. 다만 침대는 아니어야 한다.

2. 우선 심장이 얼마나 빠르게 뛰는지, 호흡이 얼마나 얕거나 가쁜지, 허리와 같은 근육에 어떤 통증이나 긴장이 느껴지는지 마음으로 알아차리자. 안정됐다면,

   - **가슴으로 깊이 숨을 들이쉬면서 넷을 센다.**
   - **일곱을 세면서 숨을 참는다.**
   - **여덟을 세면서 숨을 내쉰다.**

3. 만일 호흡기 질환이 있거나 이 동작이 어렵게 느껴진다면, 3초간 숨을 들이쉬고 5초간 참은 다음 6초간 내쉬는 것으로 수정해도 된다.

4. 이 호흡 패턴을 10회에서 20회 반복하자.

5. 이제 심박, 호흡, 그리고 신체 전반에 주의를
   기울이며 마음으로 주목해보자. 지금 심박이 얼마나
   빠른가? 호흡은 얼마나 깊은가? 근육 통증이나
   긴장에 어떤 변화가 있는가? 일주일에 걸쳐 관찰한
   내용을 기록해 진전 상황을 추적하자.

사라는 쿨다운 존에서 꾸준히 취침 루틴을 따르고 이완 호흡을 실천하면 잠에 빠져들어 숙면을 취할 수 있음을 알게 되었다. 한 달 만에 공황 증상은 사라졌고 수면 만족도는 크게 높아졌다.

쿨다운 존을 마련해 날마다 취침 루틴을 따르고 이완 호흡을 실천하면 훨씬 쉽게 잠들 수 있고 지속적인 숙면을 유지할 수 있다.

요점 정리

좋은 수면 습관 기르기 같은 매우 기본적인 방법이 당신을 공황과 불안에서 지켜준다. 양질의 수면은 신경계의 균형을 회복시킨다. 또한 더 쉽게 안전감과 자신감을 느껴 공황과 불안에 빠지지 않고 스트레스 요인을 극복하게 해준다.

사라처럼 신생아를 돌보느라 아니면 단순 시차 때문에 수면 부족을 겪고 있다면 포근한 안전 담요를 잃고 더 쉽게 압도당할 수 있다. 쿨다운 존이나 이완 호흡처럼 일상적인 수면 습관을 실천하면 공황의 부정적인 영향을 없애고 향후 공황과 불안을 예방하는 데도 도움이 된다.

다음 장에서는 다미주신경계를 자극해 공황과 스트레스에 즉각적으로 대응하고 신경계의 균형을 회복하는 기본적인 방법들을 몇 가지 더 소개하도록 하겠다.

2부

감각을
재설정하는
방법

5장

오작동에 걸린 신경계 재부팅하기

수년간 수백 명의 상담사를 가르치다 보니 똑같은 질문을 꾸준히 접한다. 어떻게 해야 누군가가 공황발작을 일으켰을 때 멈추도록 도울 수 있냐는 것이다. 일리 있는 질문이다. 공황과 불안으로 힘들어하는 사람들이 심리치료를 받는 주된 이유는 공황이나 불안발작의 강도를 줄이고 싶어서다.

뉴욕대학교 심리상담 센터에서 공부하던 의대생 시절, 나는 공황을 치료하기 위한 근거 기반의 선택지가 제한적이라는 사실에 끊임없이 좌절했다. 내가 받은 교육은 인지행동치료^{cognitive behavioral therapy, CBT}에의 노출과 예방 및 기본적인 마음챙김 연습에 국한됐다(인지행동치료는 정신 건강을 치료하기 위해 생각과 행동을 변화시키는 데 초점을 두는 치료 유형이다. 마음챙김에 관해서는 10장에서 다룰 예정이다). 많은 환자가 이런 개입이 도움이 된다고 했지만, 일단 공황이 시작되면 공황을 멈추거나 강도를 줄이는 데는 효과가 없었다. 이후 신경과학이 발전하면서 공황발작을 경험하는 사람들을 위한 치료법이 크게 확장됐다.

바이러스가 침투해 운영체제가 손상된 컴퓨터처럼 공황도 신경계가 일으키는 오작동이다. 공황발작을 시스템 재설정이 필요한 고장 난 컴퓨터에 빗대니 이해하기가 훨씬 쉬웠다. 컴퓨터에 나타난 '죽음의 회전 커서'나 멈춰버린 화면에 뜬 '프로그램이 응답하지 않습니다'라는 끔찍한 메시지처럼, 때때로 신경계는 강제 재부팅이 필요할 정도로 과부하가 걸린다. 먹통이 된 컴퓨터나 꺼진 공유기의 코드를 뽑았다가 다시 꽂아 재시작한 적이 있다면 당신은 강제 재부팅을 실행한 것이다. 당신의 신경계를 강제 재부팅하려면 아주 차가운 온도에 노출되는 등 격렬한 감각과 안전한 불편감을 유발하는 방법을 종종 실행해야 한다.

상담 중 경험한 공황발작

라시다는 너무 피곤하다. 언제 처음으로 공황발작을 겪었는지 기억나지 않지만, 공황발작이 없었던 시절을 떠올릴 수도 없다. 팬데믹 봉쇄 기간에 재택근무를 할 때는 재정과 안전을 둘러싼 스트레스와 불안을 훨씬 더 많이 느꼈다. 보험사 손해사정사인 그는 하루에도 몇 번씩 공황발작을 경험하는데, 공황 증세의 강도와 빈도가 점점 심해져 지친다. 목덜미가 저리고 따끔한 통증, 소름 끼치는 두려움, 심장 두근거림, 정신을 잃을 것만 같은 공포 등으로 고통스럽다. 마침내 라시다는 도움을 받기 위해 공인 심리상담사를 찾아 나선다.

첫 번째 상담이 진행되는 도중에도 공황발작을 경험한 그는 신경계를 재부팅해 5분 이내로 발작을 멈출 수 있다는 생각은 하지 못한다. 라시다는 두려움에 관해 이야기했고 심장 두근거림이 멈추지 않을 것이라 느꼈다. 상담사는 라시다가 투쟁-도피 모드로 빠져들고 있음을 알아차린다.

앞서 논의했듯, 뇌와 신경계를 잇는 고속도로는 양방향으로 작동한다. 이런 뇌-신체 연결 덕분에 공황발작을 일으켰을 때 신경계를 합선시켜 강제 재부팅할 수 있는 유용한 방법이 있다.

상담받던 그는 공황발작을 겪는 중에 자연스러운 잠수 반사diving response를 활용해 신경계를 강제 재부팅하는 방법을 배운다. 자연스러운 잠수 반사는 머리를 물속에 담갔을 때 일어나는 반응이다. 이 반응은 공황발작과 반대되는 증상이 신경계에 일어나게 만든다. 호흡이 느려지고, 심박은 감소하며, 몸통과 사지로 흐르는 혈류가 줄고 뇌와 심장으로 가는 혈류는 증가한다.

상담사의 조언대로 그는 세면대를 얼음과 냉수로 채우고 머리를 담근다. 잠시 후 고개를 든 그는 놀란다. 공황발작이 사라졌다. 그는 피로와 동요를 느끼지만 더는 불편감이나 두려움을 느끼지 않는다. 갑자기 말할 수 있게 되었고, 이 새로운 개입이 얼마나 강력한 힘을 발휘했는지 설명하기 시작한다. 라시다는 얼음 잠수 방법을 사용해 신경계를 강제 재부팅했다.

냉기로 신경계의 평온함 되찾기

당신도 라시다처럼 느낀 적이 있는가? 공황과 불안에 사로잡혀 그 자리에서 당장 불편감을 멈출 방법을 찾고 있는가? 한 가지 방법은 신경계의 민감성을 활용해 공황 상태에 빠진 자신을 압도하고 재부팅해 통제력을 회복하는 것이다. 신경계는 불편을 감지하면 항상 주의를 기울이고 그 원인이 실제 위협인지 여부를 평가한다.

다행히도 이런 경계를 통해 신경계의 주의를 분산

시킬 수 있다. 특히 냉기에 노출되면 신경계가 평온을 되찾는다는 연구 결과가 있다.° 안전한 냉기 노출로 신경계를 강제 재부팅하는 세 가지 방법을 알아보자.

°   Richer et al., 2022

얼음 잠수 강제 재부팅

다음은 신경계를 재부팅하는 데 도움이 되는 잠수 대응법이다. 심장이 뛰기 시작하면서 손바닥에 땀이 고이는 등기타 공황 증상이 시작되면 다음과 같이 해보자.

1. 싱크대나 욕조에 얼음과 물을 채우자.

2. 싱크대에 물이 가득 차면 머리 전체를 물속에 담그자.

3. 눈을 감고 10초에서 15초 동안 숨을 참자.

4. 물에서 천천히 머리를 들어올리자.

5. 숨을 깊게 들이마시고 내쉬기를 4회 반복하자.

이 과정을 마치면 어지럽고 떨리거나 피로감을 느끼는 게 정상이다. 아드레날린과 공포의 파문이 여전히 느껴지는 것도 정상이다. 방금 아드레날린의 해일이 몸 전체로 퍼지는 것을 막느라 많은 에너지를 소모했다. 편안한 장소를 찾아 앉거나 누워서 쉬도록 하자. 계속해서 두려움이 느껴진다면 이 과정을 반복하자.

냉수 샤워 강제 재부팅

손바닥이 땀으로 흥건하고 호흡은 얕고 가빠질 때 혹은 공황이 닥칠 듯한 강한 두려움이 몰려올 때 가까운 샤워실로 가자(한 내담자는 공황발작을 일으켰을 때 근처에 헬스장이 있다는 사실을 떠올리고 그곳으로 달려가 이 방법을 활용한 적이 있다고 했다).

1. 샤워기를 찾아 미지근한 물을 틀자.

2. 물에 손을 댔을 때 아주 차갑게 느껴질 때까지 수온을 서서히 낮춘다. 사람마다 느끼는 온도가 다르므로, 우선 미지근한 물부터 시작해 점점 차갑게 하자.

3. 옷을 다 벗고 재빨리 찬물로 샤워를 하자.

4. 30초에서 1분 정도 너무 춥다는 생각 외엔 아무 생각이 안 들 때까지 찬물 아래 서 있자.

5. 샤워기를 끄고 밖으로 나와 마른 수건으로 몸을 감싸자.

6. 편안한 장소를 찾아 휴식을 취한 다음 옷을 입자.

공황발작 증상이 어떻게 되는지 살피자. 어지럽고 동요가 일거나 피로감을 느낀다면 정상이다. 방금 공황이라는 거대하고 강력한 뇌우雷雨를 차단했기 때문이다. 필요한 만큼 충분한 휴식을 취하자.

감각을 재설정하는 방법

각얼음 세게 쥐기

마음이 조급해지거나 공황발작이 임박했다는 우려가 일고 가슴에서 팔과 다리까지 따끔한 느낌이 퍼지기 시작했다면 각얼음을 준비해 다음과 같이 해보자.

1. 각얼음 하나를 가능한 한 세게 쥔다. 그 강도를 최대한 오래 유지하자. 손이 얼얼해 불편해질 때까지 기다리자.

2. 손이 너무 시려 견딜 수 없다면 다른 손으로 옮겨 세게 쥐자.

3. 각얼음이 거의 녹거나 호흡이 차분해지고, 피곤하고, 몸에 온기가 돌아올 때까지 손을 바꿔가며 이 과정을 반복하자.

만일 어지럽거나 방향 감각을 잃은 느낌이 든다면 당신의 신경계가 많은 불안과 스트레스를 차단하고 재부팅을 시작했다는 의미다. 필요한 만큼 휴식을 취하자.

앞서 소개한 세 가지 재부팅 방법 중 하나라도 실천했다면 다음과 같이 자문해보자.

□ 시작하기 전과 비교해 신체의 느낌이 어떻게
　 달라졌는가?
□ 어떤 점이 놀라운가?
□ 어떤 점에서 안심이 되는가?

요점 정리

신경계는 복잡하고 적응력이 뛰어나므로 재부팅을 통해 공황발작을 차단할 수 있다. 자연스러운 잠수 반사는 신경계에 공황발작과 정반대의 반응을 불러온다. 통제 가능한 상태에서 냉기에 노출되면 신경계를 재부팅할 수 있다. 이 장에서 소개한 방법은 모두 공황발작이 일어난 순간, 증상에 압도될 것 같을 때 바로 적용 가능하다. 조금의 각얼음과 신경과학 지식만으로 당신의 신경계를 강제 재부팅하고 공황을 멈출 수 있다.

6장

신경계의 주의를 돌리기

손이 땀에 젖는다. 심장이 밖으로 튀어나올 것만 같다. 속이 울렁거린다. 두 눈은 보이지 않는 위협을 찾아 두리번거린다. 불안으로 가득한 댐이 금방이라도 무너져 당신을 휩쓸어버릴 것 같다. 컴퓨터 운영체제에 바이러스가 침투하듯, 공황발작이 신경계를 덮치려고 준비 중이다.

심박이 빨라지거나 식은땀이 나면서 어딘가가 따끔거리고 저리는 통증이 느껴지기 시작한다면, 혹은 공황이나 불안 같은 다른 신체 감각이 느껴진다면, 신경계가 스트레스를 받고 있다는 신호다. 그때 신경계는 악성 바이러스가 침투한 컴퓨터 프로세서처럼 작동한다. 컴퓨터 운영체제를 다룰 때와 마찬가지로, 신경계 역시 뇌의 다른 부위를 활성화시켜서 완전히 고장 나는 것을 막을 수 있다.

뇌가 집중하는 방향 바꾸기

뇌가 처리할 수 있는 에너지와 대역폭에는 한계가 있다. 가령 공황발작에 압도되면 뇌가 망가질 수도 있다. 감각 정보는 당신이 위험에 처했을 가능성을 뇌에 알리는데, 이때 뇌는 강제로 모든 처리 자원을 생존 모드로 전환한다. 그렇다고 해서 당신이 생존 모드에 갇히는 것은 아니다. 5장에서 신경계를 강제 재부팅하기 위해 신체 일부를 냉기에 노출하는 방법을 활용했듯이, 뇌의 집중력을 다른 데로 돌리는 방법들이 있다.

그 중 한 가지 방법이 뇌의 창의적이고 전략적인 중추를 활용한 복합적 인지 작업^{complex cognitive task} 수행이다. 해당 유형의 작업은 신경계가 뇌의 처리 에너지를 공황을 일으키는 곳에서 다른 곳으로 돌리게 만든다. 이런 에너지의 방향 전환으로 공황발작을 예방하거나 멈출 수 있다.

새로운 만남에 대한 두려움

두 자녀의 엄마이기도 한 맥스는 수년간 성별과 성정체성을 받아들이는 치료를 받은 뒤 동성애자로 커밍아웃하고 남편과 이혼했다. 그 후 논바이너리✔ 정체성을 받아들이는 법을 배웠고 지난 1~2년 동안은 그/그녀가 아닌 '그들^{they}'✔✔이라는 대명사 호칭을 사용하는 데도 익숙해졌다. 그러나 마침내 늘 갈망해왔던 데이트를 앞두고 공황 문제가 있음을 다시 한 번 확인한다.

데이트 앱을 사용 중이거나 상대를 만날 날짜가 다가올 때, 뱃속부터 올라오던 긴장감이 이내 격렬한 식은땀, 메스꺼움, 현기증으로 변한다. 일단 이런 증상이 시작되면 중요한 순간에 증상을 가라앉히지 못하고 당황하리라는 두려움에 데이트를 취소한다. 어떤 노력을 기울여도 추후 데이트 상대들이 쏟아지는 땀을 눈치채면 오던 길을 되돌아갈지도 모른다는 생각을 멈출 수가 없다. 반복되는 증상에 무기력해진 맥스는 데이트를 아예 포기하기로 마음 먹는다.

어쩌면 당신도 맥스처럼 공황에 대한 몰입을 멈출 수가 없어서 데이트나 업무 회의 아니면 다른 중요한 행사를 취소한 적이 있을 것이다. 이런 몰입은 증상을 더

✔ 여성도 남성도 아닌 성별로 이분법적 성별 구성에서 벗어난 트랜스젠더나 젠더퀴어를 의미한다.
✔✔ 'they'는 논바이너리 정체성을 지닌 단수의 사람을 지칭할 때 사용되기도 한다.

욱 키울 뿐이다. 이제 공황의 악순환을 끊기 위해 뇌와 신경계의 주의집중을 다른 데로 돌리는 방법을 살펴보자.

불안과 공황을 예방해주는 테트리스

부모님 말씀을 너무 믿지 말자. 어떤 비디오 게임은 뇌에 도움이 되기도 한다. 테트리스나 워들,✔ 스도쿠, 십자말풀이와 같은 복잡한 퍼즐 게임은 뇌의 감정 중추에서 뇌의 전략 및 창의 관련 중추(전전두피질과 시각-공간 피질)로 집중을 전환해 공황 증상을 예방한다. MRI 연구에 따르면, 복합적인 시각 작업은 뇌의 효율과 감정 조절 및 학습 능력을 향상시키도록 부담을 주고 재설계하는 것으로 나타났다.° 뇌의 주의집중을 캔디크러쉬로 돌린다고 생각하면 쉽다.

✔   Wordle, 영단어 맞추기 게임
°   Agren et al., 2021 ; Butler et al., 2020

이를 유념한 맥스는 데이트를 앞두고 심박이 빨라지고 뒷덜미에 식은땀이 나기 시작하는 것을 느끼자마자 테트리스에 몰두한다. 게임을 하는 동안 심박이 느려지고 온몸의 흥분이 가라앉는 느낌이 든다. 마침내 공황에 대한 생각에서 벗어나 데이트를 시작한다. 특별한 추억이 생기고 잊지 못할 기억으로 남는다.

당신도 맥스처럼 할 수 있다. 다음 두 가지 방법은 뇌의 다른 부분이 관여하도록 유도해 공황을 차단하는 데 도움을 준다.

감각을 재설정하는 방법

게임 아웃

테트리스, 스도쿠, 십자말풀이, 단어 찾기, 루빅스 큐브 등은 각기 다른 뇌 부위의 지속적인 주의와 처리 과정을 요한다. 이 게임들은 공황을 부추기는 신경계 영역에서 주의와 에너지를 빼앗아간다. 다음 단계에 따라 연습해 보자.

1. 위 게임 중 하나 또는 인지적으로 복잡한 다른 게임을 준비하자.

2. 공황 증상을 유발하는 특정 활동을 떠올리며 그 생각을 할 때 어떤 반응이 일어나는지 살펴보자. 고객을 상대로 말을 한다고 생각하면 가슴이 두근대는가? 다가올 비행을 생각하니 속이 울렁거리는가?

3. 일단 불편한 공황 또는 불안 증상의 시작(발한, 심박 증가, 속 울렁거림, 메스꺼움)을 알아차렸다면, 5분 동안 타이머를 설정하고 준비된 인지 게임을 시작하자.

게임을 하는 데만 집중하자. 잘하는지는 중요하지 않다. 그저 게임하는 데만 주의집중을 기울이면 된다.

4. 타이머가 울리면 게임을 중지하자.

5. 다음과 같이 자문해보자.

□ 시작하기 전과 비교해 신체의 느낌이 어떻게 달라졌는가?

□ 생각의 어떤 점이 다르게 느껴지는가?

□ 어떤 점이 놀라운가?

□ 어떤 점에서 안심이 되는가?

□ 걱정했던 과제나 행사에 대해 어떤 점이 여전히 두려운가?

감각을 재설정하는 방법

뇌의 주의집중 방향을 전환하는 법을 배우면 불안과 공황이 닥친 순간 제대로 대처하는 데 도움이 된다. 또한, 정신 집중을 요하는 게임을 날마다 하면 전전두엽 피질이 강화되어 신경계의 공황, 불안, 공포가 존재하는 곳에서 점차 더욱 빠르게 벗어날 수 있다.

테트리스 등의 퍼즐게임과 마찬가지로 그림 그리기, 스케치, 낙서 등도 뇌의 시각·공간·창의적 영역의 관여를 유도해 다른 영역의 주의력과 처리 능력을 이끌어낸다. 이런 복합적인 시공간적 작업을 활용하면, 심신이 압도됐을 때 마음을 진정시키고 집중력을 되찾아 회복할 수 있다.

낙서하기

연습장과 색연필, 펜, 혹은 마커를 준비하자. 고급 종이나 수십 가지 색이 필요하지 않으니 재료에 대해 너무 깊이 생각하지 말자.

이후 공황 증세가 시작되는 것 같다면 10분 동안 타이머를 설정하고 그림을 그리거나 낙서를 시작하자. 얼마나 잘 그렸나보다는 그림 그리는 행위 자체에 집중하자. 다른 사람이 그림을 볼 일은 없다. 스케치 목적은 공황을 차단하기 위함이지 미술관 전시가 아니다. 타이머가 울리면 그림 그리기를 멈추고 다음과 같이 자문해보자.

☐ 시작하기 전과 비교해 신체의 반응이 어떻게 달라졌는가?

☐ 생각의 어떤 점이 다르게 느껴지는가?

☐ 그 차이와 변화가 내 걱정 및 공황과 관련해 의미하는 바는 무엇인가?

☐ 어떤 점에서 안심이 되는가?

감각을 재설정하는 방법

중요한 회의 및 공황 증상을 유발하는 다른 행사 전에 낙서하기 방법을 실천하면 정신적 유연성과 스트레스에 대한 회복력이 향상된다. (두 달 동안 매일) 꾸준히 연습하면 메스꺼움, 발한, 극심한 공포와 같은 공황 증상에서 주의를 돌리기가 훨씬 쉬워짐을 느낄 수 있다. 어떤 이들은 1년 이상 이 연습을 한 이후 대중 앞에서 연설하거나 비행할 때 더는 공황 증상이 나타나지 않았다고 한다. 그러니 낙서를 한 다음에 연설을 하자. 색칠을 조금 하다가 비행기에 오르자. 연습을 많이 할수록 공황이 시작되기도 전에 차단하기가 더 쉬워질 것이다.

요점 정리

이 장에서 소개한 연습을 활용하면 공황을 차단하는 방법이 재미있고 창의적이며 유쾌할 수 있다는 점을 알게 된다. 뇌의 감정 중추와 생존 중추가 신경계에 주기적으로 관여하면 공황 증상을 너무 심각하게 받아들이게 된다. 복합적이고 자극적인 인지 게임과 낙서, 그림 그리기 혹은 색칠하기 등의 창의적인 활동을 통해 뇌의 주의집중을 다른 데로 돌려 공황이 주는 무력감을 극복해보자. 공황에 대처하는 이런 기술을 주기적으로 연습하면 당신의 신경계는 첫 데이트든 아주 중요한 업무 발표든 어떤 상황에서도 유연성과 효율성, 그리고 창의성을 더욱 잘 발휘할 것이다.

감각을 재설정하는 방법

7장

불안과 공황 받아들이기

나약해졌다고 느낄 때

대형 병원 수석 레지던트인 니킬은 코로나19 대유행 이후 날마다 심장 두근거림과 식은땀을 버텨내려 애쓴다. 강인하다 느꼈던 자신이 이제 나약해진 기분이다. 작년에 학생들을 가르치게 된 이후로는 심호흡도 제대로 하지 못한다. 어떤 날은 몇 시간 동안 가쁜 숨을 몰아쉰다. 잠을 제대로 못 자면 저리고 따끔한 감각이 척추를 타고 오르내리며 몸이 떨린다. 어떤 날은 다른 사람들이 이상하게 볼까 봐 걱정되고 창피해서 출근하지 않고 집에 머문다.

당신도 이런 경험을 해본 적이 있는가? 니킬처럼 공황을 몰아내려 이를 꽉 물고 버텼는데 잠시 후에 더 강한 공황이 몰려온 적이 있는가? 몸이 떨리고 땀이 나거나 호흡이 가빠져 몇 시간씩 제대로 숨을 못 쉴 것 같은 강렬하고 고통스러운 감각 때문에 걱정하고 힘들었던 경험을 얼마나 자주 했는가?

불편함의 파도에 올라타야 하는 이유

공황이 닥치면 내면에서 폭발이 일어나는 듯한 느낌이 들 수 있는데, 신경학적으로 그 느낌은 맞다. 공황은 과

감각을 재설정하는 방법

충전된 전기를 신경계 위아래로 보내는데, 이는 성난 산불처럼 지나는 모든 곳에 불을 지핀다. 폐가 조이고 호흡이 위축되며 동시에 심장은 산소를 운반하려고 더 세차고 빠르게 뛴다. 여기에 위장까지 뒤틀리기 시작하면 불이 영영 꺼지지 않을 것처럼 느껴지기도 한다. 마치 공황이 영원히 지속될 것처럼 말이다.

이 모든 감각이 불과 몇 분 내로, 때로는 수초 이내로 당신의 신경계를 통과하고 사라진다면 어떤가? 감각을 그대로 내버려두면 일어날 수 있는 일이다. 많은 이들은 강한 공황이 주로 짧은 파도처럼 밀려오며 시간이 지나면 사라진다는 사실을 잘 알지 못한다. 공황과 불안감각은 신경계와 미주신경을 통과하면서 가라앉는다. 이 사실을 받아들이기만 한다면 몇 시간이 걸릴 수도 있는 고통을 단 몇 분으로 줄일 수 있다. 이제 공황이 바다의 파도처럼 신경계를 통과하도록 내버려두는 방법을 탐구해보자.

받아들인다는 건 아주 쉬운 일처럼 들린다. 하지만 사람들이 흔히 저지르는 실수 중 하나가 강인함으로 공황을 버티거나 이를 꽉 물고 공황을 견디는 것이다. 공황이 닥쳤을 때 할 수 있는 최선의 방법은 고통스럽고 불편한 감각이 지나갈 때까지 불편함의 파도에 올라탄 채로 스트레스를 최소화해 그 순간을 통과하는 것이다.

호주의 골드 코스트나 하와이 노스 쇼어에 가지 않아도 공황과 불안의 파도에 빠지지 않고 서핑하는 법을 배울 수 있다.

니킬은 쉬는 날이면 연구자들의 온라인 동영상을 시청하며 공황과 그로 인한 불편감을 견디는 방법을 배운다. 그는 공황을 통제하려는 시도를 멈춘다. 대신 스트레스의 파도를 감지하면 그 감각 바로 위에 올라타거나 서핑을 한다. 이 연습을 몇 달간 지속한 결과 그는 몇 초 만에 떨림을 가라앉히고 심호흡을 할 수 있게 되었다.

니킬처럼 공황의 파도를 타는 법을 배우려면 어떻게 해야 할까? 이제부터 불안과 공황 감각에 올라타는 서핑의 프로가 되는 몇 가지 연습법을 소개하겠다.

감정으로 서핑하기

이 방법은 감정이 해안으로 밀려오는 파도라고 상상함으로써 고통스러운 공황 상태를 통과하게 해준다. 공황과 같은 강렬한 감정은 서핑보드로 올라탈 수 있는 강하고 큰 파도와 같다. 공황 감각 파도타기의 핵심은 증상이 일시적이며 곧 지나간다는 사실을 항상 인식하는 것이다.

1. 앞으로 일주일 동안 발한, 심박 증가, 위장 뒤틀림, 메스꺼움 등 공황 또는 불안 증상이 시작된다면, 잠시 시간을 내어 그 감각에 표식을 달자. 무비판적인 질문을 통해 스스로 감각 판단을 방지하자. 이 순간의 느낌은 무엇인가? 지금 이 느낌은 얼마나 강렬한가?

2. 다음으로 3분에서 5분 정도 타이머를 설정하고 눈을 감는다. 판단하지 말고 감각과 감정의 상승과 하강을 관찰하자. 상승과 하강 느낌이 들 때마다 균형을 잃지 않는 마법의 서핑보드에 올라탔다고 생각하자. 서핑보드는 당신을 떠 있게 해줄 것이고 파도는

결국 가라앉는다고 계속 상기하자. 마음이 흔들리면
다시 서핑보드 위에서 파도를 타는 자신의 모습을
떠올리자.

3. 타이머 알림이 울리면 눈을 뜨고 다음과 같이
자문해보자.

☐ 시작하기 전과 비교해 신체의 느낌이 어떻게
달라졌는가?

☐ 신체 감각이 더욱 편안해졌는가?

☐ 어떤 점이 놀라운가?

☐ 어떤 점에서 안심이 되는가?

☐ 어떤 느낌을 일상에서도 유지하고 싶은가?

감각을 재설정하는 방법

공황과 불안의 파도에 올라타는 방법을 배우면 불편한 감각의 강도와 지속 시간을 빠르게 줄이는 데 도움이 된다. 이 방법을 날마다 연습하면 불편감을 덜 느끼면서 공황 신호가 몸을 통과해 빠르게 밖으로 빠져나가게 하는 신경계의 능력이 최적화된다. 또한 시간이 지남에 따라 다미주신경계 전체의 염증과 스트레스가 감소해 공황이 줄어드는 효과도 있다.

심해 시각화

서핑보다 수영이 더 좋다면 이 방법을 연습해보자.

1. 공황 증상을 감지하면 5분간 타이머를 설정하자.

2. 눈을 감고 스스로를 거대한 바다라고, 너무 커서 온전히 볼 수도 없는 대양이라고 상상하자.

3. 공황을 감지하면 그것이 바다가 된 당신의 수면 위로 밀려오는 강한 파도라고 상상하자. 그 파도가 수면 위로 얼마나 거칠고 강하게 이는지 잠시간 주목하자.

4. 다음으로, 당신의 주의집중을 수심 1.5미터 아래로 옮기자. 거친 파도가 일지 않는 수면 아래에서는 물결이 얼마나 다르게 느껴지는지 관찰하자. 그곳에 잠시간 머무르자.

5. 이제 천천히, 파도가 일지 않는 수심 수백 미터 아래의 심해로 주의를 옮기자. 그곳이 얼마나 깊고 깊은 심해인지를 느껴보자.

6. 천천히 다시 수면 위로 주의를 옮겨 파도가 얼마나 강한지, 어떤 감각도 밀어내지 않은 채 관찰해보자. 수면 위로 이는 파도뿐만 아니라 바다 전체가 당신이라는 점도 되뇌자.

7. 마지막으로, 바다 전체로 주의를 돌려 수면 위 파도와 수면 아래 잔잔한 물살, 그리고 수백 미터 아래 고요함까지 너른 시선으로 바라보자. 잠시간 바다 전체에 주의집중을 고정하자.

8. 타이머 알림이 울리면 눈을 뜨고 다음과 같이 자문해보자.

　□ 시작하기 전과 비교해 신체의 느낌이 어떻게 달라졌는가?
　□ 어떤 점이 편안하고 안전하게 느껴지는가?
　□ 그것이 내 걱정 및 공황과 관련해 의미하는 바는 무엇인가?

요점 정리

이 장에서 소개한 방법을 연습하다 보면, 공황과 불안 증상이 덜 고통스럽고 빠르게 지나갈 수 있다는 사실을 알게 된다. 심장이 더 세게 뛰었다간 터질 것만 같을 정도로 공황 감각에 휩싸이면 공황 감각을 늦추거나 지나가도록 기다리는 게 불가능하게 느껴진다. 그러나 시각화를 통해 공황의 파도에 올라타거나 서핑을 하면 공황 감각이 신경계를 빠져나갈 길이 열려 공황의 강도가 빠르게 줄어든다. 이런 기술을 꾸준히 연습해 신경계가 더욱 신속하고 효율적으로 공황에 대처할 수 있게 하자.

8장

반대로 행동하기

중독의 악순환

주리는 물에 잠긴 기분이다. 수년간 열심히 노력한 덕에 꿈에 그리던 명문 로펌에 들어간 그는 이제 3년 차 변호사다. 그러나 금방이라도 심장이 가슴 밖으로 터져 나올 듯하고 방이 빙글빙글 도는 느낌이 든다.

저녁에는 위스키 한 잔이나 전자 담배를 몇 번 피워 야만 그나마 몇 시간 동안 모든 게 편안하고 아득하 다. 하지만 직장에서 일을 망칠지도 모른다는 생각 에 자꾸만 잠에서 깬다. 특히 미팅을 앞두면 공포가 심해지고 주간회의가 열리기 전에는 더욱 심해진 다. 협력 업체 직원들이 회의에 참석하므로 그는 아 이디어를 제공하고 질문에 답할 준비를 해야 한다. 주리는 이 악순환의 고리를 끊는 법을 모른다. 공황 에 갇히거나 업무를 해내기 위해 약물에 의존하게 될까 봐 우려스럽다.

당신도 주리처럼 느껴본 적이 있는가? 직장에서 공 황 증상이 나타날까 봐 겁이 나 술 한 잔 내지 간식거리 를 찾은 적이 있는가?

당신과 같은 수백만 명의 사람이 그룹 상호작용, 특 히 공식적인 회의 전에 공황 증상에 대한 감각을 마비시 키거나 굴복하는 패턴으로 어려움을 겪고 있다. 어찌 해볼 방법이 없다는 느낌과 이런 패턴에 갇혀 있는 것에 지쳤는가? 그럴 땐 공황과 불안을 멈춰줄 것만 같은 행동과 반대되는 행동을 취하면 도움이 된다.

미주신경에 나타난 〈마리오 카트〉 속 장애물

뇌 깊숙한 곳의 고속도로인 미주신경은 신체의 모든 주요 부위를 관통하며, 뇌와 신체는 미주신경을 통해 마이크로초 단위로 신호와 감각을 주고받는다. 1장에서 설명한 것처럼 당신이 날마다 경험하는 감각의 80퍼센트가 미주신경을 통과한다. 목이 마르거나 배가 고프고, 덥고, 춥고 아니면 성적으로 흥분될 때, 그리고 심지어 잠들기 전 졸음에 빠질 때도 신경계 고속도로를 따라 이동하는 수십억 개의 감각에 무의식적으로 반응하고 있는 것이다.

긴장이 풀리면 고속도로에 교통체증이 없어 쉽게 정보를 주고받을 수 있기 때문에 기분과 불안을 비교적 쉽게 조절할 수 있다. 그러나 당신이 경험하는 모든 공황 증상, 가령 숨 가쁨, 심장 두근거림, 발한, 메스꺼움 등도 같은 경로를 따라 이동한다.

슈퍼마리오 카트 게임을 해본 적이 있다면 '가시돌이 등껍질'이 얼마나 두려운 존재인지 알 것이다. 게임이 얼마나 순조롭게 진행되는지와는 상관없다. 많은 지름길을 찾아내고 바나나 껍질을 요리조리 잘 피하며 레인보우 로드 위를 매끄럽게 달려도, 가시돌이 등껍질은 도로의 다른 모든 교통을 차단하고 당신의 레이싱카 바로 위로 떨어져 폭발해버린다.

공황과 불안 증상은 당신의 무의식 고속도로에서 다른 모든 감각을 차단하고 커다란 스트레스 폭탄처럼 신경계를 폭발시키는 가시돌이 등껍질과 같다.

불안이나 공포에 휩싸이면 신경계가 흥분해 고속도로에 더 많은 신호와 체증, 혼란을 유발한다. 혈류와 호흡이 줄고 답답해진다. 호흡이 제한되면 혈류의 산소가 감소해 심장은 더 세고 빠르게 펌프질을 시작한다. 스트레스 수치는 코르티솔과 같은 스트레스 호르몬의 홍수와 함께 급상승한다. 이런 공황 감각이 신경계에 넘치면 신체 신호에 교통체증을 일으켜 급격한 체온 변화(매우

감각을 재설정하는 방법

덥거나 추운 느낌), 호흡곤란, 심박수 상승, 속 울렁거림과 식은땀 등의 증상을 유발한다.

술이나 약물 등의 물질은 신경계에서 이런 감각을 느끼는 수용체를 차단하므로 순간적으로 무감각해지거나 단절될 수는 있다. 이 무감각과 단절은 처음에는 안도감을 주지만 실제로는 신체와 신경계에 더 많은 흥분을 일으켜 강력한 반동 현상을 유발한다. 많은 이가 술이나 약물을 사용한 다음 날 '숙취불안^{hanganxiety}' 내지 추가 불안, 예민함, 공황 감각을 경험했다고 설명하는데, 이는 감각을 억제하려다 겪는 숙취다. 그렇다면 머릿속 고속도로에서 교통체증과 사고를 피하고 약물과 술로 상황을 악화시키지 않으려면 어떻게 해야 할까?

신경계를 복구하는 긴급 출동 서비스

공황이 닥쳤을 때 신경계가 따르려는 행동에 반대되는 행동을 수행하면 신경학적 수준에서 공황 교통체증이 해결되기도 한다.° 반대 행동으로 신경계의 반응을 전환해 심박과 호흡 속도를 늦출 수 있다. 이런 방법은 신경계에서 스트레스 호르몬을 제거해 뇌와 신경계의 고속도로를 안정적으로 복구하고 연결을 재개해주는 긴급 출동 서비스 역할을 한다.

> 주리는 회의 전에 반대 행동을 하는 법을 배운다. 주간회의 몇 분 전, 식은땀이 나기 시작하고 조급해지며 숨을 쉴 수 없을 것 같은 느낌을 받는다.
>
> 그는 공황을 피하거나 무시하기보다는 눈을 감고 호흡에 집중한다. 더욱 천천히 심호흡을 하는 데 몰두한다. 매번 숨을 길게 내쉬며 호흡이 빨라지려는 신호 감각에 맞서려 애쓴다. 3분이 지나자 마음이 가라앉고 식은땀이 나지 않으며 다시금 쉽게 호흡할 수 있음을 느낀다. 와인을 마실 필요가 없다. 그는 자부심과 자신감이 차올라 멋진 아이디어를 발표하고 질문 공세에 어렵지 않게 대처한다.

○   Swain et al., 2013; López and Salas, 2009

반대 행동으로 신경계를 진정시키고 공황을 해소하려면 어떻게 해야 할까? 공황에 직면하는 것은 반직관적으로 보일 수 있다. 그러나 이런 방식은 권투에서 상대의 펀치에 가까이 다가가는 것과 비슷해 종종 피해 방지에 도움이 된다. 오히려 멀리 피하기만 하다간 연속 어퍼컷을 맞을 수도 있다. 다음은 반대 행동에 초점을 맞춘 증거기반 연습법이다.°

공황과 불안 감각을 관찰하는 법을 배우면 무감각해지거나 감각에서 벗어나려는 시도에 저항하고 반대 행동으로 대처하기가 수월해진다.

다음 방법을 날마다 실천하면 불안과 공황 감각을 시각화하고 조절하는 능력이 강화되어 감각을 더 빨리 사라지게 할 수 있다. 1년 이상 연습하면 스트레스가 많은 상황에서도 공황에 빠지지 않고 호흡과 심박을 자동으로 조절할 수 있게 된다.

°   Linehan, 2014

반대 행동 연습

이 연습에는 메모 앱이나 종이, 그리고 타이머만 있으면
된다. 다음 네 단계에 따라 반대 행동을 실천하며 공황을
관찰하고 그에 대응해보자.

1. 눈을 감고 호흡, 심박, 체온, 복부 상태를 간단히
   확인한 다음 이렇게 자문해보자. 몸에서 어떤 부분이
   이상하게 느껴지는가?

2. 정확히 어떻게 이상한지 한두 문장으로 기록해보자.
   이를테면 다음과 같이 써볼 수 있다. '숨이 얕고
   가쁘다', '숨을 못 쉴 것 같다', '심장이 가슴 밖으로
   튀어나올 것 같다', '너무 덥다', '토할 것만 같다'.

3. 2분 동안 타이머를 설정한다. 다시 눈을 감고 당신이
   쓴 문장과 반대되는 느낌을 시각화하자. 당신의
   의도를 소리 내어 말하자. 이렇게 말해볼 수 있다. "내
   심장이 천천히 안정적으로 뛴다", "속이 가뿐하다",
   "숨이 느리고 깊어 잠들 수 있을 것 같다", "완벽한

봄날처럼 살결이 따스하고 편안하다". 타이머 알림이 울릴 때까지 이 감각을 경험하는 자신을 계속 시각화하자.

4. 시각화를 끝낸 후 다음과 같이 자문해보자.

☐ 시작하기 전과 비교해 신체의 느낌이 어떻게 달라졌는가?

☐ 어떤 점이 놀라운가?

☐ 어떤 점에서 안심이 되는가?

☐ 공황을 처리하고 난 뒤 스스로 어떤 점이 대견한가?

무수히 많은 사람과 마찬가지로, 당신도 공황이나 불안을 느낄 때 가장 먼저 숨이 막히고 물에 빠진 듯 호흡이 곤란해진다. 가슴이 점점 무겁고 답답해지면서 통제 불능 상태가 된다. 이제 주리가 주간회의 전에 자신을 진정시킨 것처럼 당신도 의도적으로 차분해지는 연습을 해보자.

　비행이나 채혈 아니면 데이트처럼 공황을 유발하는 상황을 앞두고 반대 행동 호흡을 연습하면 약물이나 술로 공황을 외면하거나 마비시키고자 하는 유혹을 떨칠 수 있다. 심장이 빠르게 뛰고 호흡이 가쁘고 식은땀, 메스꺼움 등의 공황 및 불안 증상을 경험할 때도 같은 방법으로 연습하면 위스키 한 방울 없이 공황 증상을 빠르게 차단할 수 있다.

반대 행동 호흡

숨 막히는 느낌이나 호흡곤란 등의 공황 증상을 멈추기
위한 반대 행동 호흡 과정은 다음 단계로 이뤄진다.

1. 3분 동안 타이머를 설정하고 눈을 감자.

2. 호흡과 폐에 주의를 기울인다. 잠시 후 당신의
   입으로 주의를 옮겨오자. 입에 가는 빨대를 물었다고
   상상하자.

3. 코로 3초에서 4초 동안 깊게 숨을 들이마시고 입으로
   빨대를 문 것처럼 5초에서 6초 동안 숨을 내쉬자.

4. 시간이 다 될 때까지 이 호흡 패턴을 반복하자.

5. 타이머가 종료된 후 다음과 같이 자문해보자.

   ☐ 시작하기 전과 비교해 호흡 상태가 어떻게
     달라졌는가?
   ☐ 숨쉬기가 더 쉬워졌는가 아니면 더
     어려워졌는가?

□ 얼마나 더 가볍거나 무겁게 느껴지는가?

□ 어떤 점에서 안심이 되는가?

□ 어떤 점이 힘이 되는가?

감각을 재설정하는 방법

요점 정리

반대 행동을 통해 뇌에서 복합적 사고를 하는 부분(주로 전전두엽피질)을 활용하면 균형을 회복하고 신경계를 진정시켜 공황을 멈출 수 있다. 이런 기술을 나날이 연습하면 공황을 멈출 수 있을 뿐만 아니라 예방도 가능하다. 오랜 기간 지속해서 연습하면 의식적으로 많은 노력을 기울이지 않고도 호흡과 주의력을 즉시 전환해 공황을 줄이거나 없앨 수 있다.

가장 좋은 방법은 호흡곤란 등의 공황을 느끼지 않을 때에도 의도적으로 매일 시간을 정해 반대 행동 호흡을 연습하는 것이다. 오늘은 언제 반대 행동 호흡을 연습하고 싶은가?

3부

신경계의 면역력을 키우는 방법

9장

회복력을 높여주는 유산소 운동

공황과 불안으로 힘든 시간을 보냈다면, 이제 앞으로 공황에 압도되지 않는 견고한 면역력을 기르려면 어떻게 해야 할지 궁금할 것이다. 이 장에서는 꾸준한 유산소 운동이 어떻게 공황과 불안에 휩쓸리지 않도록 신경계를 보호하고 면역을 길러주는지 알아보도록 하겠다.

오랜 기간 유산소 운동을 하면 미주신경 긴장도^{vagal} ^{tone}가 높아진다. 미주신경 긴장도는 신경계의 건강 척도와 같다. 이번 장과 다음 장에서 소개할 유산소 운동을 활용한 예방법은 신경계의 건강 척도를 최적화하고(높은 미주신경 긴장도) 염증을 줄이는 동시에 공황과 스트레스에 대한 뇌 효율과 회복력을 높이는 데에도 도움이 된다.°

고등학교 체육 선생님 말씀은 옳았다. 활발한 신체활동은 건강에 이롭다. 특히 뇌 신경계에 좋다. 유산소 운동은 미주신경 긴장도와 스트레스 및 통증에 대응하는 회복력을 높이기 위한 비약물적 개입으로 연구에 빈번히 등장한다.°° 대부분 공황의 기제는 신경계의 미주신경 고속도로 전체에 걸친 자극과 염증에서 시작된다. 규칙적인 신체 운동은 미주신경 긴장도를 높이고 신경계의 도로 청소부 역할을 해 도로를 청소하고 교통 흐름을 개선한다.

°   Balzarotti et al., 2017; Stubbs et al., 2017
°°   Bartley, Hay, Bloch, 2013; Sañudo et al., 2015

유산소 활동은 혈류와 호흡을 개선해 미주신경을 자극하고 신체의 자극, 염증 및 스트레스 신호를 줄여준다. 유산소 활동을 꾸준히 하면 건강 척도가 최적의 상태로 유지되어 공황과 불안 감각을 예방한다. 유산소 운동이 공황과 불안에서 사람들을 보호한다는 증거는 계속해서 쌓이고 있다. 여러 연구°에 따르면, 코로나19 봉쇄 기간에도 날마다 운동한 이들의 불안과 공황 감각은 몇 주 만에 줄거나 사라졌다.

재발 우려

마틴은 아들이 태어나기 전까지 사려 깊고 세심한 부모 되기와 가족 부양에 대한 경제적인 걱정이 많았다. 생각이 많아지면 머릿속이 빙글빙글 돌고 숨을 못 쉴 것 같다고 자주 느꼈다. 결국 마틴은 심장 전문의를 찾았고, 의사는 그에게 불안증 치료를 권

° da Costa et al., 2022; Luo et al., 2022

했다. 치료를 통해 그는 아들이 태어나기 전 불안을 극복할 수 있었다. 이제 직장에 복귀한 그는 업무와 밤에 생후 6개월 된 아들을 돌보는 일의 균형을 맞추고 있다. 하지만 그는 공황과 불안이 재발할까 봐 우려하고 그렇게 되면 어떻게 대처할지 걱정이다.

당신도 마틴과 같은 걱정에 빠져본 적이 있는가? 치료를 마치거나 이전의 공황 또는 불안 증세를 극복했는데 새로운 삶의 어려움이나 스트레스 요인으로 같은 증상이 재발할까 우려해본 적이 있는가?

미주신경은 땀을 흘리는 만큼 단련된다

규칙적인 유산소 운동으로 미주신경 긴장도를 단련해 추후의 공황과 불안을 방지해보자. 근사한 헬스장이나 특별한 장비 및 훈련 프로그램은 불필요하다. 땀이 날 정도로 자신을 몰아붙이기만 하면 된다. 불쾌하게 들릴지도 모르지만 땀을 많이 흘릴수록 미주신경 긴장도가 강화된다.

　새로운 운동 요법을 시작하기 전에는 건강 관리 전문가와 상의하자. 또한 좌식 생활에 익숙하다면 간단한 운동부터 시작해서 점차 지구력을 키우자. 걷기 운동은 훌륭한 선택지다. 시간이 지남에 따라 걷는 시간과 거리를 서서히 늘려가다가 인터벌 운동과 같은 유산소 활동으로 넘어가면 된다. 무엇보다도 어떤 운동이든 유익하다는 점을 기억하자! 뒤에서 소개하는 운동이 당신에게 적합하지 않다면 수영과 같은 다른 선택지에 대해 건강 관리 전문가에게 문의해보자.

　유산소 운동은 조금만 해도 미주신경 긴장도가 강화되고 신경학적 차원에서 신경계가 스트레스에 대처하는 능력도 향상된다. 운동 효과를 높이고 싶다면 고강도 인터벌 트레이닝^{HIIT}을 통해 효과를 극대화할 수 있다. 연구에 따르면 유산소 운동은 단기간에 공황을 완화하는 데 도움이 되며, 심혈관 건강을 위한 서킷 트레이닝(순환 운동)과 같은 고강도 인터벌 트레이닝은 수년 동안 공황 및 불안 증상에서 사람들을 보호하는 것으로 나타났다.

다음은 효율적인 시간 활용이 가능한 몇 가지 운동으로, 불안과 공황에서 당신을 지켜줄 것이다(수건을 반드시 준비하자). 짧은 시간이라도 날마다 운동하기 시작하면 운동 습관을 기르는 데 도움이 된다. 매일 운동하는 게 힘들다면 일주일에 3회에서 5회 정도를 목표로 하되, 운동 시간을 정해 달력에 표시해두고 반드시 지키자. 특정 시간 및 요일을 정해두는 것 역시 운동 습관화에 도움이 된다.

마음의 준비를 하자. 곧 땀에 젖을 것이다.

고강도 인터벌 트레이닝

다가오는 주에 하루 15분에서 20분 정도 고강도 인터벌 트레이닝을 위한 시간을 정해 달력에 표시하자.

운동용 자전거나 러닝머신 내지 일립티컬 머신✔을 사용한다면 땀을 흘리거나 숨이 벅차지 않을 정도로 저항력을 가볍게 설정하자. 줄넘기나 야외 산책, 조깅, 자전거 타기를 해도 된다.

고강도 인터벌 트레이닝을 할 경우에는,

1. 1분 동안 간단한 운동을 하고 나서 시작한다.

2. 1분이 지나면 다음 1분 동안 페이스나 저항력을 높인다. 땀이 나고 숨이 가빠지는 시점까지 자신을 몰아붙인다.

3. 쉬운 운동과 빠르고 힘든 운동을 각 1분씩 번갈아가며 계속한다.

✔ 팔과 다리를 동시에 움직이는 유산소 운동 기구로 러닝머신과 스텝퍼의 장점을 결합한 것이 특징이다.

4. 이 2분 운동 패턴을 8회에서 10회 정도 반복한다.

20분을 채워 운동하려면 서서히 지구력을 높여야 한다. 조금만 더 버티자. 점점 더 쉬워질 것이다. 운동을 마치면 다음과 같이 자문해보자.

- ☐ 무엇이 편안하게 느껴지는가?
- ☐ 무엇이 강하게 느껴지는가?
- ☐ 무엇이 명료하게 느껴지는가?

마틴은 헬스장에서 고강도 유산소 운동을 잠깐 하고도 불안과 걱정이 사라지는 것을 느낀다. 다음 날에는 가구를 옮기는 아내를 도와 땀이 나고 숨이 차도록 계단을 오르내렸는데, 신기하게도 또다시 걱정이 사라짐을 느낀다. 마틴은 날마다 20분씩 땀을 흘리고 가쁜 숨을 몰아쉬기로 결심한다. 아들의 첫돌이 되었을 무렵 그는 뭘 그리도 걱정했는지 기억하지 못 한다.

당신이 이처럼 침착함을 유지할 수 있다면 어떨까? 덕분에 공황과 스트레스에 대한 회복력을 확보할 수 있다면 어떨까?

스트레스 해소 계단

고강도 인터벌 트레이닝이 너무 부담된다면 다른 방법이
있으니 걱정하지 말자. 이 운동은 당신의 미주신경 긴장
도를 높여 공황과 스트레스에 대한 회복력을 보강해준다.
계단과 15분의 시간만 준비하면 된다.

1. 다가오는 한 주의 달력을 보며 날마다 스트레스 해소
   계단을 오를 수 있는 15분을 확보하자. 가까운 곳에서
   주변의 방해를 받지 않을 만한 계단을 찾아보자.

2. 운동 시간이 되면 타이머를 설정하고 타이머 알림이
   울릴 때까지 계단을 오르내리자. 8분 정도가 지나면
   땀이 나고 숨이 차서 말하기가 힘들어져야 한다. 이런
   느낌이 들지 않는다면 페이스를 높여 계속해보자.

3. 15분 동안 계단을 오르려면 체력과 민첩성에 따라
   몇 주나 몇 달이 걸릴 수 있음을 기억하자. 최선을
   다해보자. 다른 신체 활동을 동반할 수 있는 도구를
   준비해도 좋다. 너무 힘들거나 지치면 휴식을

취하거나 중단하자.

4. 타이머 알림이 울리면 걷기를 멈추고 다음과 같이
   자문해보자.

   ☐ 무엇이 편안하게 느껴지는가?
   ☐ 무엇이 강하게 느껴지는가?
   ☐ 무엇이 명료하게 느껴지는가?

신경계의 면역력을 키우는 방법

요점 정리

이 장에서 소개한 운동은 공황과 불안에 대한 신경계의 회복력을 기르기 위한 기초를 다져준다. 고강도 인터벌 트레이닝이나 스트레스 해소 계단 오르내리기를 꾸준히 실천하면 뇌가 스트레스와 불안에 유연히 대처하도록 재구성된다. 수년에 걸쳐 유산소 운동을 꾸준히 실천하면 전신 염증이 전반적으로 줄어 불안과 공황을 비롯해 심장 및 폐질환 등의 질병도 예방할 수 있다.

운동은 꾸준히 자주 할수록 좋다. 어떤 운동이든 건강에 이로우니 자신에게 가장 잘 맞는 운동을 찾아 지속적으로 노력하는 자신을 칭찬하자. 공황에서 자유로운 건강한 삶이 이처럼 땀에 젖어 있을지 누가 알았겠는가?

10장

미주신경을 자극하는 마음 챙김 연습

마음챙김의 이점은 셀 수 없이 많다. 마음챙김 연습은 신경계의 회복력을 유지하고 공황과 불안을 예방한다. 마음챙김을 꾸준히 실천해 미주신경을 자극하면 뇌와 몸 전체에 항염증 및 진정 신호를 방출해 신경계의 스트레스와 염증을 줄여준다. 마음챙김은 또한 미주신경 긴장도를 높여 심박, 호흡, 소화 기능이 공황의 영향을 받지 않도록 보호하고 예방한다. 심박을 안정시키고 심호흡을 유도하며 생각 속도를 늦춤으로써 안전감도 조성한다. 심지어 스트레스를 받거나 불안에 압도됐을 때에도 다른 이들과 수월하게 소통하도록 해준다.

지금 이 순간에 집중하기

마음챙김은 의식적 주의집중과 오감(시각, 청각, 후각, 촉각, 미각)을 판단하거나 이해하려 하지 않고 현재 순간에 집중하는 행위다. (앞으로도 계속 그러겠지만) 생각이나 감정이 주의를 산만하게 할 때, 그저 그것을 인정하고 현재에 집중하면 된다. 치즈케이크를 마지막 한 입까지 느리게 음미해본 적이 있다면 마음챙김을 실천한 것이다. 뇌 스캔을 활용한 연구에 따르면, 마음챙김 연습은 뇌의 스트레스 반응을 변화시켜 여러 문제와 스트레스 및 불안에 효율적으로 대처하게 해준다.°

　　마음챙김을 꾸준히 실천하면 뇌가 훨씬 더 유연하고

개방적인 상태가 되어 학습하고, 타인과 관계 맺고, 복잡한 문제가 더 쉽게 해결된다. 마음챙김을 통해 신경계를 최적화하면 비교적 차분하고 만족스러운 삶을 영위할 수 있다.

마음챙김 연습은 신경계에 항불안 회로를 새로이 생성해 공황과 불안을 예방하고 방지해준다. 군대 최정예 요원들과 리더들은 이 점을 잘 알고 있다. 네이비 실✔은 마음챙김 연습을 훈련의 핵심으로 삼는다. 네이비 실 대원들은 수개월간의 마음챙김 연습으로 뇌를 재구성하고 머리 옆에서 지뢰가 터지거나 말거나 심박수와 호흡을 안정적이고 침착하게 유지하는 법을 배운다.

주변에서 총알과 폭발물이 쏟아지는 상황에서 명료하고 빠르게 생각해야 하는 직업에 종사한다면 공황과 불안에 대응하는 효과적인 방어 수단이 반드시 필요하기 때문이다.

○   Creswell et al., 2016
✔   Navy SEALs, 미국 해군의 특수부대

트라우마가 생겼을 때

참전용사이자 소기업 대표인 리사는 전쟁터에서 침착함을 유지하는 게 어떤 기분인지 잘 안다. 열아홉 살에 아프가니스탄에서 전투에 참가했던 그는 빠른 총격 사이를 차로 통과하면서도 겁을 내거나 허둥대는 법이 없었다. 그러나 최근 경미한 교통사고를 당한 뒤부터 1마일도 못 가 이내 침착함을 잃고 머리가 어지러워질 것 같은 걱정에 빠진다.

참전 당시 자신이 해냈던 일들을 떠올리면 리사는 스스로가 나약해졌다고 느껴져 부끄럽다. 그는 참전군인 건강 콘퍼런스 워크숍을 찾아 네이비 실 소속 군 심리학자에게 마음챙김 실천법을 배운다. 그리고 운전대를 잡기 전마다 배운 방법을 적용하기 시작한다. 몇 주가 지나자 리사는 운전에 대해 더는 우려하지 않는다. 가족 동반 대륙 횡단 여행을 계획하는 등 스스로 강하고 차분해졌음을 느낀다.

당신도 공황과 불안에 직면했을 때 강하고 차분한 기분을 느끼고 싶었던 적이 자주 있는가? 그렇다고 입대 지원을 할 필요는 없다. 군대에 가지 않아도 마음챙김 연습을 통해 회복력을 기르고 공황에서 자신을 보호할 수 있다.

다음은 리사가 공황과 불안에 대한 신경학적 회복력을 기르기 위해 활용한 두 가지 마음챙김 실천법이다. 첫 번째 방법은 전략적 호흡으로, 전술적 전투 호흡이라고도 하며, 어떤 상황에서도 평정심을 유지하고 불안을 줄이려는 목적으로 군에서 개발한 수련법이다.

전략적 호흡

1. 매일 식사 전후에 5분 정도 연습할 시간을 정해 달력에 표시하자.

2. 연습 시간이 되면 편안한 자세를 취하자. 이 연습은 어디서나 할 수 있으며 앉거나 누워서 해도 좋고 서서 해도 좋다.

3. 눈을 감고 호흡과 폐에 주의를 집중하자.

4. 5회에서 10회 정도 같은 방식으로 숨을 쉬며 호흡에 집중하자. 정신이 배회하면 (분명 배회할 것이다) 주의집중을 다시 호흡으로 천천히 돌리자.

5. 다음으로 타이머를 4분간 설정한다. 다시 두 눈을 감고 호흡에 집중하자. 그냥 관찰하는 것이 아니라 의식적으로 호흡을 바꾸고 다음 패턴을 따라해보자.

- '하나, 둘, 셋, 넷'을 세면서 숨을 들이마시자.
- 숨을 멈추고 숨을 참으면서 다시 '하나, 둘, 셋, 넷'을 세자.

- 이제 숨을 내쉬면서 '하나, 둘, 셋, 넷'을 세자.

6. 이 패턴을 유지하면서 숫자와 호흡에 집중하자. 정신이 배회할 때는 다시금 천천히 호흡과 숫자에 주의를 기울이자.

7. 타이머 알림이 울리면 천천히 눈을 뜨고 다음과 같이 자문해보자.

□ 시작하기 전과 비교해 신체의 느낌이 어떻게 달라졌는가?

□ 어떤 점에서 진정이 되는가?

□ 어떤 점이 놀라운가?

□ 어떤 점에서 안심이 되는가?

다음으로 소개할 물탱크 시각화 방법은 네이비 실을 비롯한 다른 특수부대원들이 수련하는 마음챙김 연습이다.° 이 방법은 불안과 공황 감각을 비롯한 생각이나 감정을 마음에서 없애기 위해 고안됐다. 이를 실천하면 미주신경이 자극돼 신체에 진정 및 이완 신호를 연속적으로 방출한다.

°   Divine, 2015

물탱크 시각화

1. 날마다 5분 동안 이 방법을 실천할 시간을 확보하자. 매일 같은 시간이어야만 하는 건 아니다. 달력에 물탱크 시각화 연습을 위한 시간을 표시하자.

2. 우선 5분 동안 타이머를 설정한 뒤 깊은숨을 몇 번 들이쉬자. 두 번째로 숨을 들이쉰 다음 눈을 감자. 호흡에 주의를 기울이고 자연스레 호흡을 지속하자. 호흡법을 바꾸거나 더 깊이 호흡하려 하지 말자. 그저 지금 이 순간 호흡이 어떤지 알아차리자.

3. 당신의 마음 안으로 들어갔더니 마음 한가운데에 커다랗고 흐릿한 물탱크가 있다고 상상하자. 빛이 유리창을 통과해 탁한 물을 비추는 것처럼 보인다.

4. 이제 숨을 내쉴 때마다 물이 조금씩 맑아진다고 상상해보자. 숨을 쉴 때마다 빛이 수조의 유리창을 통해 비춰들기 시작하면서 물이 더 맑아지는 것을 알아차리자. 정신이 배회할 때 물은 더 탁해지고 더러워져 들여다보기가 어려워진다. 그러나 다시

주의를 기울이고 호흡을 가다듬으면 물은 다시금
맑아진다.

5. 숨을 쉴 때마다 물이 얼마나 맑아지는지 알아차리며
호흡을 이어가자. 시간이 지나면 무척 맑아진 물은
거의 열대의 푸른빛이 되고 유리창 너머로 들여다볼
수도 있다. 물론 맑고 푸른 물속으로 통과하는 빛도
볼 수 있다.

6. 계속 호흡하면서 맑고 깨끗한 물에 집중하자.

7. 타이머 알림이 울리면 천천히 마음에서 나와 눈을
뜨고 현실로 돌아오자.

8. 다음과 같이 자문해보자.

☐ **시작하기 전과 비교해 마음의 감각이 어떻게**
   달라졌는가?
☐ **어떤 점이 명료한가?**
☐ **어떤 점이 놀라운가?**
☐ **어떤 점이 위안이 되는가?**

요점 정리

이 장에서 소개한 마음챙김 연습은 미주신경을 자극하고 미주신경 긴장도를 높이며 신경계가 원활하고 효율적으로 작동하게 만들어 추후의 공황과 불안에 대한 강력한 면역력을 길러준다. 네이비 실 요원처럼 신경계를 강하고 회복력 있게 단련하고 싶다면 날마다 마음챙김을 수련하자. 몇 주가 지나면 공황으로 이어지는 불안감과 생각을 관찰하고 피하는 데 훨씬 더 능숙해질 것이다. 몇 달 동안 매일 연습하면 미주신경 긴장도가 충분히 강해져 의식적으로 많이 생각하지 않아도 공황 감각을 재조정하고 극복할 수 있게 된다. 수년 동안 연습하면 공황 및 심장마비나 뇌졸중 같은 심혈관질환의 발생 위험, 그리고 조기 사망률이 모두 크게 줄어든다.

공황에서 자유로운 삶을 오래도록 누리고 싶다면, 일상 속에서 마음챙김 연습을 꾸준히 할 수 있는 방법을 생각해보자.

11장

불안의 악순환에서 벗어나는 법

마음속으로 아무리 여러 번 그려봐도 멈출 수 없다. 이제 안 봐도 훤하다. 사실 머릿속에서는 악마의 스트리밍 쇼처럼 날마다 반복 재생된다. 손바닥에 식은땀이 맺힌다. 중요한 회의 중에 심장이 가슴 밖으로 튀어나올 것만 같다. 모두가 그것을 눈치챈다. 굴욕이다. 공황 때문에 삶이 파괴되는 최악의 결과를 미리 내다보는 것을 멈추지 못한다. 앞으로 닥칠 공황발작을 상상하면 신경계는 공황발작이 일어난다고 느껴 생존 모드로 전환한다. 심장이 뛰고 폐가 조여오며 부정적인 생각으로 빠르게 치닫는다. 파국을 초래하는 결과를 결코 피할 수 없을 것 같고 불편한 공황 감각이 신경계를 자극하고 흥분시킨다. 당신은 이런 악순환에 얼마나 자주 갇히는가?

최악의 예측으로 고통받을 때

디지털 디자이너인 벤은 2020년 첫 번째 코로나19 물결 속에서 할머니를 잃었다. 같은 해 그는 호흡기 증세와 자다가 죽을지도 모른다는 생각에 겁에 질려 공황발작을 일으켰으며, 다른 이들과 어울리지 못하고 스스로를 고립시켰다. 벤은 지난 몇 년간 외출을 하지 않았다. 다행히 재택근무를 하면서 커리어에 박차를 가했던 그는 이제 정기적으로 회의와 행사에 참석해야 하는 예술 감독으로서 더 좋은 조건으로 이직 기회를 얻었다.

벤은 최악의 시나리오만을 떠올린다. 직장에서 공황발작을 일으키는 상상을 하면 얼굴이 화끈거리고 등은 저릿하고 따끔하다. 갑자기 새 직장에서 일하다 병에 걸려 죽는 생각을 멈출 수 없다. 자신의 커리어를 공황 때문에 다 망칠지도 모른다는 생각에 며칠 동안 밤잠을 설친다.

당신도 벤처럼 무력감을 느껴본 적이 있는가? 파국으로 치닫는 생각과 그로 인한 공황에서 자신을 보호하려면 어떻게 해야 할까?

뇌의 스파이더 센서를 깨워라

마블 코믹스의 만화 《스파이더맨》에서 피터 파커는 방사능 거미에 물린 후 무척 인상 깊은 여러 초능력을 얻는다. 벽을 타고 다니고 거미줄을 쏘는 능력도 있지만, 가장 인상적인 능력은 바로 스파이더 센서다. 스파이더맨의 스파이더 센서는 무의식적 뇌에서 확장돼 주변 환경의 신호를 신속하게 의식 체계로 전달한다. 스파이더맨은 스파이더 센서 덕분에 나무 위의 고양이든 악당 그린 고블린Green Goblin이든 상관없이 위험을 빠르게 감지하고 위협을 피하는 등 효과적으로 대응한다.

인지적 재구성cognitive restructuring은 공황과 불안에 대한 생각이 공황발작과 불안으로 이어지지 않도록 대처하는, 말하자면 뇌의 스파이더 센서다. 인지적 재구성은 전전두엽피질에 기반한 능력으로, 당신의 신경계가 방사능 거미 없이도 무서운 생각이나 위협적인 환경에 직면했을 때 침착하게 집중하도록 해준다. 인지적 재구성을 활용하면 파국으로 치닫는 왜곡된 생각을 조금 더 현실적이고 유용한 생각으로 빠르게 전환할 수 있다.°

오랜 시간 인지적 재구성 능력을 활용하면 공황과 불안에 대한 면역이 증가해 빠르고 논리적인 의사결정에 더욱 능숙해진다. 스파이더맨이 초능력을 사용하는

°　　Shurick et al., 2012

방법을 배워야 했듯, 당신도 인지적 재구성을 사용하는 방법을 배울 수 있다.

뇌는 무서운 생각과 예측에 직면하면 항상 그중 가장 강력하고 위협적인 것을 찾아낸다. 최악의 시나리오와 위협적인 예측에 집중하는 이유는 그것이 가장 큰 위협에서 당신을 지키려는 뇌의 방식이기 때문이다. 문제는 이 위협이 모두 지어낸 생각이라는 것이다. 이처럼 터무니없고 악몽 같은 예측에 갇히면 그것이 현실이 아님에도 현실적이고 위협적으로 느낄 수 있다. 사람들은 흔히 미래에 대한 최악의 예측과 가장 파국적인 상황에 골몰하는 실수를 저지른다. 파국으로 치닫는 생각과 예측을 인지적 재구성을 활용해 다르게 한다면, 공황과 불안이 당신의 신경계를 압도하는 것을 방지할 수 있다.

도움이 절실했던 벤은 심리학자가 운영하는 인지적 재구성 온라인 워크숍에 참석한다. 그리고 새 직장에서 공황 때문에 무너지고 제 기능을 발휘하지 못하는 최악의 시나리오에 대한 집착을 줄이는 방법을 배운다. 그는 내면의 이야기를 바꾸고 새로운 직업을 떠올릴 때 침착함을 유지하도록 뇌를 재구성하는 법을 배운다.

며칠 동안 인지적 재구성 연습을 한 뒤 벤은 공황과 두려움 없이 자신의 미래를 명료하게 내다볼 수 있게 된다. 그는 새 직장을 기꺼이 받아들이고 날마다 연습을 반복하며 공황 없이 지낸다. 1년 만에 다시 승진한 그는 이전에 왜 그토록 파국으로 치닫는 생각에 사로잡혔는지 기억하지 못한다.

다음 연습은 인지적 재구성 능력을 키우고 강화하는 데 도움이 된다. 당신의 생각이나 예측이 아무리 무섭게 흘러가더라도, 신경계가 최적으로 대응하도록 재구성하면 공황발작을 막을 수 있다.

예측 다시 쓰기

이 연습에서는 글을 쓸 노트나 메모 앱을 준비하자. 소리
내어 말하는 것을 녹음할 앱도 필요하다. 다음 단계에 따
라 예측을 다시 작성해보자.

1. **최악의 시나리오를 묘사해보자.**

   공황이나 불안 때문에 앞으로 어떤 일이 벌어질지
   현재 가장 두려운 예측을 몇 문장 적어보자. 숨을
   제대로 쉴 수 없어 중요한 연설을 날려버렸는가?
   직장을 잃었는가? 노숙인이 됐는가? 예측이
   얼마나 부풀고 악화됐는가? 그것을 적었다면 어떤
   내용이든지 '최악의 시나리오'라고 표시하자.

2. **최상의 시나리오를 묘사해보자.**

   이제 반대로 공황과 불안 때문에 앞으로 어떤 일이
   일어날지 긍정적인 예측을 몇 문장 적어보자. 이
   시나리오는 최악의 시나리오만큼이나 극단적이어야
   한다. 현실적으로 생각할 필요가 없다. 가능한
   한 최상의 결과를 만들어보자. 공황이 마법처럼

사라지는가? 다시는 재발하지 않고 삶의 모든 부분이 개선되는가? 얼마나 더 좋아지는가? 이 내용은 '최상의 시나리오'라고 표시하자.

3. 현실적인 예측과 생각을 묘사해보자.

좋은 경험과 나쁜 경험을 모두 포함하되 최악도 최상도 아닌 서너 가지 예측과 결과를 떠올려보자. 벤은 공황에 빠지거나 코로나19에 걸렸지만 직장에 잘 다니거나 입원하지 않는 시나리오를 몇 가지 적는다. 저마다의 예측에 해당하는 몇 가지 문장을 작성하자. 여기에는 '현실적인 예측과 생각'이라고 표시하자.

4. 현실적인 예측과 생각을 녹음하자.

현실적인 예측과 생각을 소리 내어 읽어보자. 그런 다음 가장 편안하고 차분해지는 현실적인 예측과 생각 두 가지를 선택하자. 음성녹음 앱을 열고 두 가지 예측을 큰 소리로 읽는 목소리를 녹음하자. 파일명에 '현실적인 예측과 생각'과 날짜를 적어 저장하자.

5. 실천 효과에 관해 생각해보자.

녹음을 마친 후 다음과 같이 자문해보자.

☐ 시작하기 전과 비교해 신체의 느낌이 어떻게
달라졌는가?

☐ 떠올리기 더 쉬운 생각은 어느 쪽인가?

☐ 어떤 점이 놀라운가?

☐ 어떤 점에서 안심이 되는가?

앞으로 몇 주 동안 날마다 예측 다시 쓰기 연습을 해보자. 반복하는 것을 걱정하지 말자. 동일하거나 유사한 생각 패턴과 예측이 떠오를 수 있다. 이는 일반적인 현상이며 시간이 흘러 재구성이 가능한 특정 신경 경로를 찾았다는 의미일 가능성이 높다. 뇌 영상 연구에 따르면 몇 주 또는 몇 달에 걸쳐 규칙적으로 실천할 경우 뇌가 변화해 인지적 재구성에 더욱 효율적으로 관여한다고 한다. 1년 이상 매일 연습하면 공포와 공황에 대한 뇌의 회복력이 더욱 높아지고 신경계 전반의 의사결정 및 감정 조절 능력이 향상된다.

몇 주 동안 예측 다시 쓰기 방법을 실천하면 현실적인 예측 기록으로 가득한 폴더를 갖게 될 것이다. 이를 연습 및 중재 도구로 활용해 공황에 대한 새로운 신경 경로를 강화해보자.

당신의 현실적 예측 녹음을 연습 도구로 활용해 일주일에 두세 번씩 들어보자. 이를 통해 다양한 사고 패턴을 예행연습하면, 새로운 스트레스 요인에 직면했을 때 신경계가 사용할 일종의 근육 기억을 만들어 유용하고 현실적이며 차분한 생각과 예측에 더욱 빠르게 연결할 수 있다.

　다음 연습에서는 마음이 최악의 결과에 집중하거나 집착하기 시작할 때 이런 녹음을 개입 도구로 활용하는 방법을 설명하겠다.

재작성한 예측 활용하기

1. 만일 당신이 최악의 결과에 집착하고 있다면, 현실적인 예측과 생각 파일을 열어 반복 재생해보자.

2. 우선 2분 동안 타이머를 설정하자.

3. 두 눈을 감고 녹음한 내용을 듣자. 다른 생각이 떠오르면 다시금 녹음 내용에 주의를 기울이자.

4. 타이머 알림이 울리면 재생을 중지하자.

5. 눈을 뜨고 다음과 같이 자문해보자.

☐ 녹음을 듣기 전과 비교해 어떤 생각이 더욱 명확해졌는가?

☐ 어떤 과제나 활동이 쉽게 느껴지는가?

☐ 어떤 점이 놀라운가?

☐ 어떤 점에서 안심이 되는가?

요점 정리

이 장에서 소개한 방법을 연습하면 인지적 재구성 능력이 향상된다. 이 기술은 파국으로 치닫는 생각과 공황을 예방하는 데 도움이 된다. 최악의 결과에 집착하는 자신을 발견했을 때 중재 도구로 사용할 수도 있다. 수년에 걸쳐 매일 연습하면 뇌의 신경 배선이 재조정되어 스트레스에 직면했을 때 신경계가 더욱 침착하게 대응하게 된다.

연구에 따르면 꾸준한 인지적 재구성 연습은 뇌의 회로를 두껍게 만들어 뇌가 두려움에 관여하는 방식을 변화시킨다. 신경계가 공황과 불안에 압도될 위험이 줄어드는 것이다. 슈퍼히어로는 못 되더라도 강한 인지적 재구성 능력 덕분에 공황에 맞설 새로운 힘을 갖게 될 것이다.

12장

상호조절 능력과 안전감

공황과 불안은 고립감을 안긴다. 아주 심한 공황이 닥친 순간에 혼자라고 느껴본 적이 자주 있는가? 정신이 혼미해지고 아드레날린 분비로 심장이 빠르게 뛰거나 등골이 오싹해질 때 신체적으로 고립된 자신을 자주 발견하는가? 공황과 불안에 잠식되면 안전하지 않고 위협받는다는 느낌이 들어 생존 모드가 발동한다. 생존 모드에서는 모든 새끼 고양이가 검치호랑이로 보이고 모든 인간이 잠재적 범죄자로 보이기 마련이다.

공황은 단지 고립감을 안기는 데 그치지 않는다. 공황 자체가 고립이다. 공황을 예방하고 공황이 닥쳤을 때 대처하기 위해서는 다른 사람들과의 연결이 도움이 될 뿐만 아니라 필수적이다.

데카르트의 명언은 잊어라. '나는 생각한다, 고로 나는 존재한다'가 아니라 '나는 연결된다, 고로 나는 존재한다'라는 말이 당신을 더욱 인간이게 한다. 우리는 수천 년에 걸친 상호작용과 문화를 통해 진화해왔으며, 다른 사람과 연결될 때에만 온전히 기능할 수 있다는 하나의 결론에 도달했다. 이 전제는 다미주이론의 핵심이자 공황과 불안에서 당신을 보호하는 열쇠다. 안전하다고 느끼면 압도당하고 외로울 때에도 다른 이에게 손을 내밀어 연결을 구축할 수 있다. 사실, 그럴 때일수록 우리는 반드시 손을 내밀어야 한다.

다른 사람들과 이어져 있고 안전감을 느낄 때 압도적인 공황과 불안의 위협은 줄어든다. 인간은 사회적으로 진화해왔다. 우리의 신체와 정신은 사회적으로 관여하도록 만들어졌다. 상호조절은 당신의 초능력 중 하나로, 다른 사람들의 감정에 영향을 미칠 뿐만 아니라 강하고 어려운 정서나 감각을 진정시키는 능력이다. 당신은 날마다 상호조절을 관찰하고 경험하면서도 제대로 알아차리지 못한다. 부모가 우는 아기를 달랠 때나 길을 잃은 사람에게 길을 알려줄 때, 그리고 힘든 하루를 보낸 연인을 안아줄 때에도 사람들은 서로를 달래기 위해 상호조절을 사용한다. 수천 년에 걸쳐 인간은 상호조절에 능숙해지도록 학습해왔다. 우리는 검치호랑이에게 잡아먹히거나 굶어 죽을 것이라는 개인적 두려움을 극복하고 다 함께 도구를 만들고, 농경을 발명하고, 전체 문명을 발전시켜왔다.

연결의 힘은 우주도 구할 수 있다

영화 〈가디언즈 오브 갤럭시〉의 슈퍼히어로들은 상호조절의 힘에 관해 우리에게 많은 것을 시사한다. 가디언즈 팀은 수차례 우주가 파괴되는 와중에도 서로 강력하게 연결된 덕에 굳건히 버텨냈다. 긴밀하고 친밀한 유대를 형성한 가디언즈 팀은 가장 끔찍한 상황에서조차 서로가 서로의 편이라는 감각과 안전감을 느끼도록 도왔다. 어떻게 그것이 가능했을까? 바로 상호조절을 통해 서로의 뇌를 변화킨 덕이다.

　다른 사람과의 연결을 요구하는 상호조절은 뇌의 효율성과 스트레스에 대한 회복력을 높여준다. 여러 신경학 연구°에 따르면, 다른 이들과 사회적으로 연결되어 감정과 문제를 공유하는 사람들은 미주신경 긴장도 및 스트레스 회복력이 높으며 불안과 공황은 낮다고 한다. 무시무시한 적이나 엄청난 공황 및 불안에 직면했을 때 가디언즈 팀은 함께 이야기 나누고 서로의 고통과 문제를 이해하는 공간을 마련함으로써 상호조절을 가능케 했다. 스타로드나 로켓 라쿤이 서로 마음을 열고 동정심을 보이거나 긴장된 순간에 웃음을 나눌 때, 신경학

ㅇ　　Kok et al., 2013

적 차원에서 그들 뇌의 기능이 향상됐다. 물론 가디언즈 팀은 저마다 인상적인 재능과 능력을 갖고 있지만, 한 팀으로서 상호조절을 통해 가장 힘든 위기에서 살아남았다.

당신도 가디언즈 팀처럼 의지하는 친구 모임이 있는가? 당신의 로켓 라쿤과 그루트는 누구인가? 공황과 불안으로 어려움을 겪을 때 지지와 인정을 얻고자 의지하는 이는 누구인가? 이제부터는 살아가는 동안 상호조절 능력을 키워 향후 공황을 예방할 수 있는 방법을 소개하겠다.

상호조절 대화법

당신에게 늘 도움을 주고 친근하게 대해준 친구를 떠올려
보자. 당신의 생각이나 감정에 대해 이야기한 경험이 있
는지는 중요하지 않다. 단지 당신이 그들을 신뢰하고 그
들 곁에서 안전하다고 느끼면 된다.

1. 친구에게 연락해 10분 정도 얼굴을 마주 보고
   이야기를 주고받을 상황이 되는지 묻고 약속을 잡자.
   너무 깊이 생각하지 말자. 커피를 마시거나 공원을
   산책해도 된다. 서로의 말을 들을 수만 있다면 어떤
   활동을 하든 상관없다.

2. 친구를 만났다면 당신 삶에서 힘든 점을 말해도
   되는지 묻자. 힘들거나 걱정되는 일 한 가지를
   털어놓자. 편안하다고 느끼는 만큼 솔직하게
   마음을 열어보자. 친구에게는 조언을 자제해달라고
   부탁하자. 대신 그들이 당신의 말에 귀 기울여주면
   마음이 무척 편해진다고 말하자. 고민을 털어놓는
   것을 심각하게 생각할 필요는 없다. 서로에게 너무

부담이 될 것 같다면 작은 걱정이나 좌절에 관해
말해보자. 중요한 것은 신뢰하는 사람에게 소리 내어
솔직하게 고민을 털어놓는 연습을 하는 것이다.

3. 친구가 당신의 이야기를 들어줬다면 시간을 내어
   당신의 말을 경청해준 데 대해 감사를 표하고 당신도
   들어주겠다고 제안하자. 힘든 시간을 보내고 있거나
   조언 없이 들어줄 고민이 있는지 물어보자. 상대가
   고민을 털어놓고 싶지 않다고 해도 걱정하지 말자.
   상대가 고민을 말하든 안 하든 이 방법은 효과가
   있다. 많은 이가 이런 방식으로 고민 나누기를
   좋아한다. 친구 역시 상호조절을 통한 편안함과
   안전감을 느끼고 싶을지도 모르니 상대가 고민을
   털어놔도 당황하지 말자.

4. 친구와 만나 상호조절 대화를 나눈 뒤 다음과 같이
   자문해보자.

□ **친구를 만나기 전과 비교해 외로움이나 고립감에
   변화가 있는가?**

□ 친구 및 가족들과 얼마나 가깝다고 느끼는가?

　특히 상호조절 대화를 나눈 친구와는 어떤가?

□ 신체의 느낌은 어떤가?

□ 어떤 점이 편안한가?

□ 어떤 점에서 안심이 되는가?

서로 다른 친구들과 정기적으로 만나거나 매주 모임을 통해 상호조절 대화를 연습하면서 연결을 돈독히 하고 상호조절을 삶의 일부로 만들 수 있다. 몇 달에 걸쳐 매주 연습하면 공황이 줄고 안전감과 유대감이 향상된다. 공감 능력, 감정 지능, 자기 연민, 낙관주의 역시 강해짐을 알아차리게 될 것이다. 수년에 걸쳐 연습하면 상호조절 대화를 통해 공황과 불안 같은 감정에 대한 반응을 재조정할 수 있다.

전문가의 도움 구하기

주변에 도움을 구할 사람이 없다면 어떻게 해야 할까? 친구들과 가족이 있음에도 여전히 공황에 압도당한다면 어디에서 도움을 구할 수 있을까?

이 책에서 소개한 상호조절과 다른 방법들이 공황과 불안을 줄이는 데 도움을 주지만 그것만으로 충분치 않을 수도 있다. 공황발작이 인간관계나 업무 및 삶의 만족도에 지속적으로 지장을 준다면 전문적인 치료를 받아야 한다. 자격을 갖춘 전문가의 정신 건강 치료는 공황과 불안에 대한 가장 효과적인 대처법이다. 이 사실이 당신에게 새로운 정보는 아니겠지만, 좋은 치료법을 찾는 가장 좋은 방법을 미리 알아두기 바란다.

공황과 불안에 대처하는 새로운 기술과 선택지의 등장으로 당신에게 가장 적합하고 안전하면서 만족감을 주는 치료법이 무엇인지 파악하기가 더 어려워졌다. 치료를 받고는 싶은데 어디서부터 시작해야 할지, 무엇을 찾아야 할지 모르겠다면 다음의 몇 가지 조언을 참고하자.

- 웹사이트(한국심리학회. 정신의학신문)에는 정식 자격을 갖춘 의료진만 등록할 수 있어서 정신 건강 장애 치료 면허를 소지한 의료진의 링크와 정보를 제공한다. 약력이나 소개를 읽어보고 공황 및 불안 치료를 전문으로 하는 치료사인지 확인해보자.
- 많은 대학에서 대학원 교육 프로그램이나 관련 기관을 운영하며. 그곳에서는 자격을 갖춘 의료진이 불안과 기타 장애 치료에 대한 전문 교육을 받는다. 해당 대학에

연락하거나 온라인 검색을 통해 자신에게 적합한
프로그램이 있는지 알아보자.

- 온라인 코치나 '건강/생활' 앱은 피하는 게 좋다.
  대면 내지 원격 의료를 통해 치료를 제공하는 공인된
  전문가를 찾아보자. 정신 건강 앱(일부 명상 앱은 도움이
  된다)과 온라인 코치가 수도 없이 많지만, 이 선택지는
  치료가 아니며 치료만큼 효과적이지도 않다.

요점 정리

상호조절은 공황과 불안을 극복하기 위한 아주 강력한
최후의 도구다. 상호조절 대화를 실천하며 타인과 상호
작용할 때 당신은 다미주신경계를 불러내어 스스로 진
정할 수 있다. 상호조절 대화는 세상에 대한 안전감과 통
제력을 높여준다. 상호조절의 도움을 받으면서도 여전히
공황과 불안으로 어려움을 겪는다면 치료를 받는 게 가
장 좋은 방법일 수 있다. 이 책에서 소개한 모든 방법은
임상치료의 보완책으로 활용해도 도움이 된다는 점을 기

억하자.

책 전체를 다 읽은 당신은 다미주신경계를 강화해 불안과 공황을 극복하는 다양한 방법을 배웠다. 이것은 무척 힘든 일이다. 전 세계 수백만 명의 사람이 공황에서 벗어나려 고군분투하지만 그중 많은 이가 자기 자신을 도울 방법을 끝내 찾지 못한다. 당신은 예외다. 책에서 소개한 방법을 단 1분이라도 실천했다면 당신은 그들에 비해 공황과 불안 극복에 있어 많은 것을 성취했으니 자랑스럽게 생각하자.

아마 어떤 방법은 도움이 되고 어떤 방법은 도움이 되지 않았을 것이다. 지극히 정상적인 현상이다. 이 책에 나오는 모든 방법을 실천할 필요는 없다. 대신 도움이 되는 몇 가지 방법을 찾을 때까지 지속해서 다양한 연습을 해보길 권한다. 도움이 되는 방법을 찾았다면 공황과 불안을 극복하는 도구 상자에 넣고 활용하자. 당신이 이 책에서 공황과 불안을 극복할 능력을 키우고 희망을 발견했다면 나는 더 바랄 것이 없다. 이미 얼마나 많은 노력을 기울였을지 알기에 자랑스럽다. 계속해나가자. 내면의 트라이포스를 찾아 레인보우 로드 경주에서 승리

하되, 결코 혼자가 아니라는 사실을 기억하자. 내가 끝까지 당신을 응원할 것이다!

책을 쓰려면 많은 이들의 손길이 필요하다. 부모님은 내가 글쓰기를 사랑하도록 이끌어주시고 한 문장 한 문장에 자부심을 느끼게 해주셨다. 고교 졸업 때부터 박사 학위를 취득하기까지의 과정에서 변함없이 믿어주신 부모님과 가족 모두에게 더없는 감사를 전한다.

다미주신경 이론에 관한 글을 쓰기 시작한 첫날부터 믿고 지켜봐주신 세스 포지스 박사님께 감사하다. 이 책의 기반이 된 스티븐 포지스, 뎁 다나 박사님의 연구에 큰 빚을 졌다.

내게 기회를 주고 장학금을 비롯해 큰 도움을 준 재클린 매티스, 메리 수 리처드슨, 리사 스즈키, 그리고

NYU 상담심리학 박사 프로그램의 모든 분께 특별한 감사를 표한다. 아우슈비츠에서 어떻게든 생존해 뉴저지에 정착한 분들의 손자인 내가 책을 쓰기는커녕 의사가 될 줄은 꿈에도 몰랐다. 우리 가족은 언제나 여러분께 갚을 빚이 많다.

마음챙김 기반 치료와 변증법적 행동치료에 관해 수백 시간 동안 가르쳐주신 데어드라 프럼 교수님과 외래환자 DBT팀, 그리고 노스포트 VA 의료센터 심리훈련팀에도 깊은 감사를 전한다. 인턴십 기간에 여러분이 보내준 격려와 신뢰가 나를 지금의 심리학자로 만들었다.

메리 필론의 끊임없는 지지와 피드백이 없었다면 나는 뉴욕대학교에서 장학금을 받지 못했을 것이다. 항상 내 편이 되어주고 시간을 내어 내 작업물을 읽어줘서 감사하다.

신경과학에 관해 누구나 이해하고 활용할 수 있는 글을 쓰는 방법은 대학원에서 가르쳐주지 않는다. 공영 라디오 쇼의 연구 감독을 맡겨준 프리츠 갈레트에게 대단히 감사할 따름이다. 일반인들이 심리학에 쉽게 접근하도록 유도하면서 유머 감각을 잃지 않는 방법을 그에게 배웠다. 이 책에 담긴 지혜를 자랑스럽게 생각해주면 기쁠 것이다.

뉴 하빈저 제작진 모두의 지도와 지원이 없었다면 나는 책을 쓰는 과정에서 완전히 길을 잃었을 것이다. 뉴욕대학교 강의실에서 배운 지식을 바탕으로 공황과 불안에 시달리는 더 많은 사람을 도울 기회를 줘 감사하다.

마지막으로 아내 에린의 격려와 응원에 감사하다. 당신이 없었다면 이 모든 과정이 불가능했을 거예요. 작가로서 자신감을 잃지 않기란 힘들지만 당신이 늘 곁에서 지지해주고 사람들 앞에서 나를 치켜세워줘서 항상 고마운 마음이에요. 사랑합니다.

참고 문헌

Agren, T., J. M. Hoppe, L. Singh, E. A. Holmes, and J. Rosén. 2021.
    "The Neural Basis of Tetris Gameplay: Implicating the Role
    of Visuospatial Processing." *Current Psychology* 42: 8136 –
    8163.

Balzarotti, S., F. Biassoni, B. Colombo, and M. R. Ciceri. 2017.
    "Cardiac Vagal Control as a Marker of Emotion Regulation in
    Healthy Adults: A Review." *Biological Psychology* 130: 54 – 66.

Bartley, C. A., M. Hay, and M. H. Bloch. 2013. "Meta-Analysis:
    Aerobic Exercise for the Treatment of Anxiety Disorders."
    Progress in Neuro-Psychopharmacology and Biological Psychiatry
    45: 34 – 39.

Butler, O., K. Herr, G. Willmund, J. Gallinat, S. Kühn, and P.
    Zimmermann. 2020. "Trauma, Treatment and Tetris: Video
    Gaming Increases Hippocampal Volume in Male Patients

with Combat-Related Posttraumatic Stress Disorder." *Journal of Psychiatry and Neuroscience* 45(4): 279 – 287.

Creswell, J. D., A. A. Taren, E. K. Lindsay, C. M. Greco, P. J. Gianaros, A. Fairgrieve, et al. 2016. "Alterations in Resting-State Functional Connectivity Link Mindfulness 152 When Panic Happens Meditation with Reduced Interleukin-6: A Randomized Controlled Trial." *Biological Psychiatry* 80(1): 53 – 61.

da Costa, T. S., A. Seffrin, J. de Castro Filho, G. Togni, E. Castardeli, C. A. Barbosa de Lira, R. L. Vancini, B. Knechtle, T. Rosemann, and M. S. Andrade. 2022. "Effects of Aerobic and Strength Training on Depression, Anxiety, and Health Self-Perception Levels During the COVID-19 Pandemic." *European Review for Medical and Pharmacological Sciences* 26(15): 5601 – 5610.

Dana, D. 2020. *Polyvagal Exercises for Safety and Connection: 50 Client-Centered Practices.* New York: W. W. Norton.

Divine, M. 2015. *Unbeatable Mind*: *Forge Resiliency and Mental Toughness to Succeed at an Elite Level,* 3rd ed. San Diego, CA: US Tactical.

Fanselow, M. S. 2013. "Fear and Anxiety Take a Double Hit from Vagal Nerve Stimulation." *Biological Psychiatry* 73(11): 1043 – 1044.

Hayes, S. C., K. D. Strosahl, and K. G. Wilson. 2011. *Acceptance and Commitment Therapy*: *The Process and Practice of Mindful Change.* New York: Guilford Press.

Jiao, Y., X. Guo, M. Luo, S. Li, A. Liu, Y. Zhao, et al. 2020. "Effect of Transcutaneous Vagus Nerve Stimulation at Auricular Concha for Insomnia: A Randomized Clinical Trial." *Evidence-Based Complementary and Alternative Medicine(eCAM)* 2020: 6049891.

Kok, B. E., K. A. Coffey, M. A. Cohn, L. I. Catalino, T. Vacharkulksemsuk, S. B. Algoe, M. Brantley, and B. L. Fredrickson. 2013. "How Positive Emotions Build Physical Health: Perceived Positive Social Connections References 153 Account for the Upward Spiral Between Positive Emotions and Vagal Tone." *Psychological Science* 24(7): 1123–1132.

Linehan, M. 2014. *DBT Skills Training Manual,* 2nd ed. New York: Guilford Press.

López, F. J. C., and S. Valdivia Salas. 2009. "Acceptance and Commitment Therapy (ACT) in the Treatment of Panic Disorder: Some Considerations from the Research on Basic Processes." *International Journal of Psychology and Psychological Therapy* 9(3): 299–315.

Luo, Q., P. Zhang, Y. Liu, X. Ma, and G. Jennings. 2022. "Intervention of Physical Activity for University Students with Anxiety and Depression During the COVID-19 Pandemic Prevention and Control Period: A Systematic Review and Meta-Analysis." *International Journal of Environmental Research and Public Health* 19(22): 15338.

Noble, L. J., A. Chuah, K. K. Callahan, R. R. Souza, and C.

K. McIntyre. 2019. "Peripheral Effects of Vagus Nerve
Stimulation on Anxiety and Extinction of Conditioned Fear
in Rats." *Learning & Memory* 26(7): 245–251.

Porges, S. W. 2011. *The Polyvagal Theory: Neurophysiological
Foundations of Emotions, Attachment, Communication, and Self-
Regulation.* New York: W. W. Norton.

———. 2022. "Polyvagal Theory: A Science of Safety." *Frontiers in
Integrative Neuroscience* 16: 871227.

Porges, S. W., and D. Dana. 2018. *Clinical Applications of the Polyvagal
Theory: The Emergence of Polyvagal-Informed Therapies.* New
York: W. W. Norton.

Richer, R., J. Zenkner, A. Küderle, N. Rohleder, and B. M. Eskofier.
2022. "Vagus Activation by Cold Face Test 154 When Panic
Happens Reduces Acute Psychosocial Stress Responses."
Scientific Reports 12(1): 19270.

Rosenberg, S. 2017. *Accessing the Healing Power of the Vagus Nerve:
Self-Help Exercises for Anxiety, Depression, Trauma, and Autism.*
Berkeley, CA: North Atlantic Books.

Sañudo, B., L. Carrasco, M. de Hoyo, A. Figueroa, and J. M. Saxton.
2015. "Vagal Modulation and Symptomatology Following
a 6-Month Aerobic Exercise Program for Women with
Fibromyalgia." *Clinical and Experimental Rheumatology* 33(1
Suppl 88): S41–S45.

Shurick, A. A., J. R. Hamilton, L. T. Harris, A. K. Roy, J. J. Gross,
and E. A. Phelps. 2012. "Durable Effects of Cognitive

Restructuring on Conditioned Fear." *Emotion* 12(6): 1393 –
1397.

Stubbs, B., D. Vancampfort, S. Rosenbaum, J. Firth, T. Cosco,
N. Veronese, G. A. Salum, and F. B. Schuch. 2017. "An
Examination of the Anxiolytic Effects of Exercise for People
with Anxiety and Stress-Related Disorders: A Meta-Analysis."
Psychiatry Research 249: 102 – 108.

Swain, J., K. Hancock, C. Hainsworth, and J. Bowman. 2013.
"Acceptance and Commitment Therapy in the Treatment of
Anxiety: A Systematic Review." *Clinical Psychology Review*
33(8): 965 – 978.

Tsai, H. J., T. B. J. Kuo, G.-S. Lee, and C. C. H. Yang. 2015. "Efficacy
of Paced Breathing for Insomnia: Enhances Vagal Activity
and Improves Sleep Quality." *Psychophysiology* 52(3): 388 –
396.

Weil, A. 1999. *Breathing: The Master Key to Self-Healing.* Louisville,
CO: Sounds True.

옮긴이 **이윤정**

경희대학교와 폴란드 바르샤바대학교에서 공부했다. 이화여자대학교 통번역대
학원에 들어간 뒤 번역가의 길로 접어들어 현재 출판 기획·번역가로 일한다. 장
편소설《에코타 가족》,《여명으로 빚은 집》, 회고록《언니가 내게 안아봐도 되냐
고 물었다》,《어느 날 뒤바뀐 삶 설명서는 없음》,《반짝거리고 소중한 것들》을 비
롯해 인문 교양서《집중의 재발견》,《헤엄치는 인류》등 다양한 도서를 우리말로
옮겼다. 번역가의 경험과 일상을 담은 에세이《번역가가 되고 싶어》를 썼다.

불안해서 죽을 것 같을 때

첫판 1쇄 펴낸날 2025년 3월 11일

지은이 찰스 셰퍼
옮긴이 이윤정
발행인 조한나
책임편집 조정현
편집기획 김교석 문해림 김유진 전하연 박혜인 함초원
디자인 한승연 성윤정
마케팅 문창운 백윤진 김민영
회계 양여진 김주연

펴낸곳 (주)도서출판 푸른숲
출판등록 2003년 12월 17일 제2003-000032호
주소 서울특별시 마포구 토정로 35-1 2층, 우편번호 04083
전화 02)6392-7871, 2(마케팅부), 02)6392-7873(편집부)
팩스 02)6392-7875
홈페이지 www.prunsoop.co.kr
페이스북 www.facebook.com/prunsoop   **인스타그램** @prunsoop

ⓒ 푸른숲, 2025
ISBN 979-11-7254-049-4 (04180)
     979-11-5675-457-2 (세트)